Русская
речь.

改訂版

耳が喜ぶ
ロシア語

リスニング 体 得 トレーニング

Приятно
слышать!

藻利佳彦
著

SANSHUSHA

本書は『耳が喜ぶロシア語』（三修社）に、時代に合わせた話題や単語を盛り込んで、加筆修正したものです。

はじめに

　本書は、ある程度ロシア語学習を進めた中級者以上を対象としたリスニング教材です。シャドーイングの練習にも役立てることができます。ロシア語能力検定試験のレベルで言えば、STEP1は2・3級、STEP2は1・2級 STEP3は1級を目指す人の学習に適しています。

　音声のスピードは、ネイティブスピーカーが使うレベルに設定してあります。最初は戸惑うかもしれませんが、いつまでもゆっくりしたスピードで勉強していては、実際に使われているロシア語を聴き取ることはできません。一定の速さのロシア語に慣れることも必要です。

　改訂にあたって、ロシアの実際が分かるようなテーマを新たに選びました。また、多くのみなさんが難しいと感じている数詞をたくさん文中に入れてあります。最初は、自分がどれだけ聴き取ることができるか何も見ないで何回か試してみることをおすすめします。分からないところは、日本語訳を見てチェックすることができます。重要単語覧は最小限にとどめました。初めて出会う単語も多くあると思いますが、まずは全体の意味をまとめて理解することを心がけてください。単語と文法の詳しい説明はしていませんので、個別の用法などは辞書や文法書で確認しましょう。

　本書の作成にあたり、マリア・マクシモワ、山内真、吉見薫の三氏に校正をお願いしました。また、三修社編集部にはたいへんお世話になりました。ご協力いただいた方々に心よりお礼申し上げます。

　本書がみなさんのリスニング力向上に役立つことを願っています。

　Мы надеемся, что Вам будет полезен наш учебник, и Вы сможете отработать навыки аудирования!

藻利佳彦

無料音声ダウンロード・ストリーミング
利用の方法

----

1 PC・スマートフォンで本書の音声ページにアクセスします。

https://www.sanshusha.co.jp/np/onsei/
isbn/9784384059212/

2 シリアルコード「05921」を入力。

3 音声ダウンロード・ストリーミングをご利用いただけます。

目次

STEP 👂2　強化訓練

目次

音声🔊 ページ

STEP 🎧 3　ステップアップ

STEP 1

耳慣らし

STEP 1

1 Ёлка

В России новогоднюю ёлку ввёл Пётр I специальным указом. Он повелел украсить все дома 1 января 1700 года еловыми ветками и в знак веселья обязательно поздравлять друг друга с Новым годом. В этот день в Москве палили из пушек, на больших площадях устраивали фейерверки. С тех пор без нарядной лесной гостьи не обходится ни один новогодний праздник в России. Большая или маленькая, украшенная разноцветными блестящими игрушками, ёлка одинаково радует и малышей, и взрослых.

2 Глобальное потепление

Глобальное потепление — процесс изменения климата, который продолжается уже несколько десятков лет. Начиная с эпохи индустриальной революции средняя температура на планете растёт, увеличившись по сравнению с 1880 годом на один градус. Этот прирост кажется незначительным, но уровень моря продолжает подниматься, ледниковые щиты — уменьшаться, а погода — меняться. Например, весна в Россию с каждым годом приходит всё раньше.

❶	
ёлка	トウヒ、クリスマスツリー
ввести	導入する、開始する
палить	(一斉に) 撃つ
нарядный	着飾った、美しい
гостья	女性の客
обходиться без ~	～なしで済ませる

❷	
начиная	～から始めて
увеличившись<увеличиться	増加した
по сравнению с ~	～と比べて
прирост	上昇、増加
ледниковые щиты	氷床

1 モミの木

　ピョートル 1 世が出した特別政令によって、ロシアで新年にモミの木が用いられるようになりました。ピョートル 1 世は、1700 年 1 月 1 日に全ての家にモミの木の枝を飾り、喜びのしるしとして必ずお互いに新年を祝うことを命じました。この日モスクワでは一斉に礼砲が撃たれ、大きな広場では花火が行われました。この時から、美しく着飾った森からの来訪者（モミの木）がロシアの新年の祝日に欠かせないものとなりました。大きなモミの木、小さなモミの木、色とりどりの輝くおもちゃに飾られたモミの木、モミの木は子どもも大人も等しく楽しませてくれます。

2 地球温暖化

　地球温暖化は、すでに数十年間続いている気候変動の進行を示しています。地球の平均気温は、産業革命の時代から上昇し、1880 年と比べて 1 度上昇しています。この増加は取るに足らないように見えますが、海面は上昇し続け、氷床は減少し続け、天候は変わり続けています。例えば、ロシアへの春の到来は年を追うごとにますます早くなっています。

3 Коронавирусная инфекция

Коронавирусная инфекция (Ковид-19) семимильными шагами распространяется по планете. Каждый день средства массовой информации публикуют тревожные сведения о новых случаях заболевания и смерти от этой болезни. На риск заражения ковидом люди реагируют по-разному. Одни впадают в панику, другие более спокойно принимают меры предосторожности, рекомендуемые специалистами.

4 Самогон

Самогон — традиционный крепкий напиток славян, который производится из разного сырья: чаще из пшеницы, свёклы, сахара, кукурузы. Стандартная крепость напитка — 40 градусов. Несмотря на то что самогон — алкоголь домашнего производства, в котором не содержатся химикаты, он может нести как пользу, так и вред для организма. Какое воздействие окажет самогон, зависит от частоты и количества потребления, а также от того, были ли соблюдены правила при его изготовлении.

 ❸

семимильными шагами	急速に
заражение	感染
реагировать	反応する
предосторожность	予防措置

❹

самогон	サマゴン、自家製酒
сырьё	原料
содержаться в ~	～に含まれている
соблюдать	守る

3 新型コロナウイルス感染症

　新型コロナウイルス感染症（COVID-19）は、地球全体に急速に広がっています。メディアは毎日、新しい発病件数とこの病気による死亡に関する警戒情報を公表しています。この感染症に感染するリスクに対する反応は人によって異なります。パニックになる人もいれば、専門家が推奨する予防策をより冷静に講じる人もいます。

4 サマゴン

　サマゴンはスラブ民族に昔から伝わるアルコール濃度の強い飲み物で、多くの場合小麦、ビート、砂糖、トウモロコシなどのさまざまな原料から作られています。この飲み物の標準的なアルコール度数は 40 度です。サマゴンは化学薬品を含まない自家製のアルコール飲料ですが、人の体にとって毒にも薬にもなります。サマゴンがどのような影響を与えるかは、消費の頻度と量、および製造時に基準が守られたかどうかによって異なります。

5 Космодром «Восточный»

Раньше на месте космодрома «Восточный» в Амурской области была только тайга. Он расположен в 7 500 километрах от Москвы. До столицы области — города Благовещенск — нужно проехать 230 км. Сейчас здесь живёт 224 тысячи человек. Это первый гражданский космодром России. Его вся территория составляет 1 035 кв. км, что сравнимо с Москвой в пределах МКАД. 28 апреля 2016 года, в 05:01 по московскому времени с нового российского космодрома «Восточный» был проведён первый запуск.

6 Низкокалорийные десерты

Мы делаем низкокалорийные десерты такими же вкусными как традиционные сладости. Мы исключаем из наших десертов всё, что добавляет к удовольствию лишние килограммы и сантиметры. Все наши торты, пирожные, печенье и десерты не содержат сахара и пшеничной муки. Используем обезжиренные молочные продукты, самостоятельно готовим ягодные и фруктовые пюре, не добавляем консерванты.

❺

область	州、地域
гражданский	市民の、民間の
сравнимо	比較できる
провести	〜を行う

❻

низкокалорийный	低カロリーの
килограмм	キログラム
сантиметр	センチメートル
пшеничный	小麦の
обезжиренный	脱脂された
консервант	防腐剤

5 「ボストーチヌイ」宇宙基地

アムール州の「ボストーチヌイ」宇宙基地のある場所には、以前はタイガ（針葉樹林）しかありませんでした。基地は、モスクワから 7,500km 離れています。州都ブラゴヴェシチェンスクまでは 230km です。現在、この町には 22 万 4,000 人が住んでいます。これはロシアで最初の民間宇宙基地です。その敷地総面積は 1,035 平方キロメートルで、モスクワの環状道路内の広さに相当します。2016 年 4 月 28 日、モスクワ時間 5 時 1 分に、新しいロシアの宇宙基地「ボストーチヌイ」から最初の打ち上げが行われました。

6 低カロリーデザート

私たちは伝統的なスイーツと同じくらいおいしい低カロリーのデザートを作っています。私たちは、デザートを食する喜びに余計な重さや長さを付け加える全てのものを取り除きます。私たちが作るデコレーションケーキ、ショートケーキ、クッキー、デザート、全てに砂糖と小麦粉を使用していません。私たちは脱脂乳製品を使用し、ベリーとフルーツのピューレを独自に調理し、防腐剤は添加していません。

7 Велосипед

Свыше трёх миллионов поездок совершили жители и гости Москвы на городских велосипедах за половину сезона. Это на 700 тысяч больше, чем в прошлом году. За семь лет популярность велопроката в Москве выросла почти в десять раз. Число поездок увеличивается за счёт большого количества новых станций, где можно взять в аренду этот вид транспорта. Так, с конца апреля в Москве открыли 100 пунктов проката. Кроме того, в столице увеличилось число электровелосипедов. Говорят, что взять в прокат велосипед можно будет в Москве до ноября.

8 Санкт-Петербург

Санкт-Петербург — это удивительный город, который имеет множество символических названий. Северная Венеция — это имя дали городу за обилие рек и каналов. Северная Пальмира — за неповторимую красоту. Северная столица — более двухсот лет город был российской столицей. Но самое интригующее название — город «белых ночей». Белые ночи в Санкт-Петербурге начинаются 25-26 мая. Уже в это время вечерние сумерки сливаются с утренним рассветом. 17 июля — это конец белых ночей. В это время коренные жители и гости города становятся мечтателями.

❼

прокат	レンタル
велопрокат	レンタル自転車
электровелосипед	電動自転車

❽

обилие	多さ、大量
неповторимый	またとない、2つとない
интригующий	興味をそそられる
сумерки	薄暮、夕闇
сливаться	合流する、1つになる
рассвет	夜明け、暁

7 自転車

　モスクワ住民とモスクワにやって来た人たちが市の自転車を利用した回数がシーズン半ばで 300 万回に達しました。これは、昨年より 70 万多い数字です。7 年間でモスクワにおけるレンタル自転車の人気はほぼ 10 倍に伸びました。この交通手段の新しいレンタルスポット数が大きく増大したことにより、利用回数が増えています。モスクワでは 4 月末から 100 のレンタルスポットが開設されました。さらに首都では、電動自転車の数も増えています。自転車をレンタルできるのはモスクワでは 10 月いっぱいになるだろうと言われています。

8 サンクトペテルブルク

　サンクトペテルブルク、それは、たくさんの象徴的な名称を持つ素晴らしい町です。北のヴェネチア、これはこの町に川と運河が多いことから名付けられた名前です。北のパルミラ、これはこの町の 2 つとない美しさからその名を得ました。北の首都、この町は 200 年以上にわたりロシアの首都でした。しかし、最も興味深い名前は、「白夜」の町という名前です。サンクトペテルブルクの白夜は 5 月 25、26 日に始まります。すでにこの時点で、夕方の薄暮は朝の暁と融合し始めています。7 月 17 日は、白夜の終わりです。この期間、生粋のペテルブルク住民と町にやってくる人たちは夢想家になります。

9 Современная свадьба

Ваши коллеги и коллеги родителей, тётя Люба из соседнего подъезда, троюродный брат, которого вы знаете только по фото — кто все эти люди? Зачем они пришли на вашу свадьбу? Неужели их волнует ваше счастье? Не приглашайте малознакомых людей только потому, что так надо. Больше людей — больше ртов и расходов. Ещё двадцать лет назад было тяжело отделаться от многочисленной родни, но теперь всё по-другому. Не зовите случайных людей на главный праздник в вашей жизни. Лучше на сэкономленные деньги оплатите хорошую гостиницу для свадебного путешествия.

10 На станции «Площадь Революции»

Четыре собаки на станции метро «Площадь Революции» приносят счастье всем, кто потрёт их блестящие носы. Поэтому они пользуются огромной популярностью у пассажиров метро, которые верят в магическую силу этих скульптур. Собаки — лучшие друзья человека, и даже в виде скульптур всегда поднимают настроение всем, кто посмотрит на них.

Но есть и единственная скульптура, приносящая вместо удачи несчастье. Ни в коем случае нельзя гладить петуха, и в особенности — его клюв: случится что-то ужасное.

9

подъезд	玄関口、エントランス
троюродный брат	又従弟（またいとこ）
отделаться	逃れる、片付ける

10

потереть	軽くこする、なでる
настроение	気分
клюв	口ばし

9 最近の結婚式

　あなたの同僚とあなたの両親の同僚、近所のリューバおばさん、写真でしか知らない又従弟、これらの人々は皆いったいどういう人なのでしょうか？　何のために彼らはあなたの結婚式に来るのでしょうか？　彼らは本当にあなたの幸せに心躍らせているのでしょうか？　しきたりだからといって、よく知らない人を招待しないようにしましょう。人が多くなればなるほど、食べる人の数が増え、多くの費用がかかります。20年前までは多くの親戚から逃れることは困難でしたが、今では全てが異なります。あなたの人生の大切な記念すべき日にその場限りの人を呼ばないでください。節約したお金を新婚旅行の際の良いホテルの支払いに充ててください。

10 「革命広場」駅にて

　地下鉄の「革命広場」駅にいる4匹の犬は、その光っている鼻をこする全ての人に幸せをもたらします。ですから、この犬たちは、その彫刻の魔法の力を信じている地下鉄の乗客の間で非常に人気があります。それに、人間の一番の友である犬は、彫刻の形であっても、いつだって彼らを見る全ての人を元気づけてくれます。

　でも、幸運ではなく不幸をもたらす唯一の彫刻もあります。どんなことがあってもオンドリをなでてはいけません。特にその口ばしは。なでると、何か良くないことが起こります。

11 Уникальные находки

Уникальные находки сделали участники экспедиции Института археологии РАН, работающие на берегу Волхова в Великом Новгороде. Один из древнейших городов России хранит много тайн и считается кладезем берестяных грамот. На одной из них, найденной при раскопках на Софийской набережной, было обнаружено завещание купца, жившего около 600 лет назад. Среди находок — пять берестяных грамот, одна из которых с черновиком завещания, боевой топор, шахматные фигуры и печать посадника.

12 Вишня

Вот вишня зацвела! Я распахнула окно. Утреннее майское солнце освещало наш вишнёвый сад. За ночь он превратился в волшебную сказку. Деревья были покрыты воздушным белым облаком. Они стояли как невесты в белоснежном свадебном наряде. Сад был наполнен нежным ароматом... Милые воспоминания детства...

Во многих странах вишнёвый сад — символ семьи и благополучия. А цветущую вишню сравнивают с невестой. Ведь цветёт она недолго, около недели.

⓫

РАН	ロシア科学アカデミー
кладезь	宝庫
берестяные грамоты	白樺の表皮に書かれた文書
завещание	遺言状
посадник	市長官、市長

⓬

вишня	セイヨウミザクラ
зацвести	咲き始める
распахнуть	開け放つ
превратиться в~	～に変わる、なる
волшебный	魔法のような

11 珍しい発見

　珍しい物を発見したのは、ヴェリキー・ノヴゴロドのヴォルホフ河岸で働いていたロシア科学アカデミーの考古学研究所の調査に参加した人たちでした。ロシアで最も古い都市の1つであるヴェリキー・ノヴゴロドは、多くの謎を秘めており、白樺文書の宝庫と見なされています。その白樺文書の1つである、ソフィア河岸の発掘中に発見された文書から、約600年前に住んでいた商人の遺言状が見つかりました。発見された物の中には、白樺文書が5つあり、そのうちの1つには遺言状の下書きがありました。ほかに、戦闘用の斧、チェスの駒、それに市長官の印章が見つかりました。

12 桜

　さあ、桜が咲き始めました！　私は勢いよく窓を開けました。5月の朝陽が私たちの桜の庭を照らしました。庭は一晩でおとぎ話に変わりました。木々はふわふわした白い雲につつまれていました。それはまるで雪のように白いウエディングドレスを着た花嫁のようでした。庭は甘く心地よい香りに満ちていました……。子どもの頃のすてきな思い出です。

　多くの国で桜のある庭は家族と平穏の象徴となっています。　一方で花咲く桜は花嫁に例えられます。というのも、桜の花が咲くのは約一週間ほどで、長くは咲かないからです。

13 Лошади

Лошади изящны, грациозны, миролюбивы и своенравны. Говорят, что у них грустные глаза, но они умеют радоваться и радуют нас.

У каждой свой характер, темперамент и повадки. Лошади бывают разные. Да и различают их не по характеру и именам, а по масти, которая зависит от цвета тела, гривы и хвоста. Любопытная особенность: лошади в зависимости от возраста могут менять свой окрас. Серые лошади бывают при рождении вороными, гнедыми или рыжими. Кстати, чёрных и белых лошадей не бывает. Белые — это светло-серая масть.

14 Пирожковая тарелка

Пирожковая тарелка отличается небольшими размерами, её диаметр составляет 15,5-18 см. Основное назначение — подача пирожков, хлеба, тостов.

Во время сервировки стола тарелки для хлебобулочных изделий ставят перед каждым участником застолья сверху слева по диагонали от первого блюда, дополняя ножом для масла. Также небольшие тарелочки часто используют в качестве подставок под соусники и икорницы. Иногда в них подают десерты и деликатесные закуски, бутерброды, сухарики и многое другое.

⓭

грациозный	（人や動物の姿が）優雅な、上品な
повадка	（悪い）癖
масть	（馬の）毛色
вороной	（馬につき）黒毛の
гнедой	（馬につき）栗毛の
рыжий	（人・動物につき）赤毛の

⓮

пирожки（複）	ピロシキ（ロシア風パイ）
отличаться	特徴的である
сервировка	食卓の準備（飾りつけ）
застолье	饗宴、食卓（のごちそう）
по диагонали	斜めに
первое	スープ類の

13 馬

馬は優雅で上品、温和で強情です。馬は悲しい目をしていると言いますが、馬は喜んだり、私たちを喜ばせる方法を知っています。

それぞれに独自の性格、気質、癖があります。いろいろな馬がいるのです。それに、馬は性格や名前ではなく、体とたてがみや尾の色によって決まる毛色によって見分けられます。馬は年齢によって色が変わることがあるというのは興味深い特質です。灰色の馬（芦毛）は生まれて来た時は、黒毛や栗毛それに赤毛だったりします。ちなみに、白い馬も黒い馬もいません。 白い馬の白、それは明るい灰色の毛色のことです。

14 パイ皿

パイ皿はサイズが小さいのが特徴で、直径は 15.5 〜 18cm です。主に、ピロシキ、パン、トーストを出すために使われます。

テーブルセッティングの際には、宴の各参加者の前、スープ用の皿の斜め左上にパン類ののったプレートが置かれ、バターナイフが添えられます。また、この小さい皿はグレイビーボートやキャビアボウルの台としてもよく使われます。デザートや珍味前菜、サンドイッチ、クラッカーなどをのせて出すこともあります。

15 Котокафе

В России первое «котокафе» появилось раньше, чем в Лондоне или Париже: «Республика кошек» в Санкт-Петербурге открылась ещё летом 2011 года. Сейчас в кафе живут 20 кошек разных пород. И заведение настолько популярно, что попасть в него можно только по предварительной записи. Но в России кошка есть в каждой второй семье, поэтому, как говорят многие владельцы подобных заведений, заниматься этим делом можно, только если вы любите животных и не рассчитываете на большие деньги.

16 Информационная перегруженность

Развитие современных технологий — телевидение, компьютер, интернет, возможность быстро и в любое время найти нужную информацию — ложится дополнительной нагрузкой на школьников. Свободный доступ к любой информации несёт скорее отрицательный эффект, потому что школьники не стремятся запоминать получаемую информацию на уроках, зная, что если понадобится, то они всё смогут найти в интернете. В результате у детей не развивается внимание, память и умение сохранять информацию в полном и сжатом виде.

⑮

порода	種、品種
заведение	施設、学校、店
попасть	当たる、入る
предварительный	あらかじめの
запись	メモ、予約
рассчитывать	計算する、目当てにする

⑯

ложиться на ～	～にのしかかる
дополнительный	補足の、追加の
нагрузка	負担、負荷
доступ	利用、アクセス

15 猫カフェ

ロシアに最初の「猫カフェ」が現れたのはロンドンやパリよりも先でした。サンクトペテルブルクの「猫共和国」がオープンしたのは、2011年の夏でした。現在、カフェにはさまざまな品種の猫が20匹住んでいます。店は予約して初めて入場できるほどの人気です。しかし、ロシアでは、2つに1つの家族が猫を飼っています。したがって、こうした店のオーナーの多くが言うように、この事業を行うことができるのは、動物を愛し、大金を目当てにしない場合に限られます。

16 情報過多

テレビ、コンピューター、インターネット、いつでも素早く必要な情報を見つけることができるという現代のテクノロジーの発展は、児童、生徒に余計な負担をかけています。 どんな情報にも自由にアクセスできることは、どちらかと言うと悪影響をもたらしています。なぜなら、生徒たちは、必要になれば何でもインターネットで見つけることができると分かっているので、授業で受け取る情報を覚えようとしません。 その結果、子どもたちの注意力、記憶力、そして完全で簡潔な形で情報を保存する能力が発達しなくなっています。

17 Ёж

Как это ни странно, в мифологии славян особое место занимает маленький колючий ёжик. Издревле славяне боролись с нечистой силой оберегами, связанными с ежом; с помощью этих маленьких созданий лечили серьёзные болезни. Согласно легендам, ёж настолько мудр, что даже Бог, создавая Землю, прислушивался к его советам.

Болгары считали ежа самым мудрым, так как он долго живёт на свете и помнит всё, что было когда-либо раньше, а ещё он умеет пользоваться особой омолаживающей травой и поэтому никогда не стареет.

18 Храм Спаса на Крови

Император Александр II был убит в марте 1881 года группой террористов-народовольцев из восьми человек. Их прозвали «первомартовцами». К повешению приговорили шесть человек. Нового царя, Александра III, Лев Николаевич Толстой пытался уговорить на помилование. Письмо Л. Н. Толстого пытался «перехватить» К. П. Победоносцев, который был одним из самых влиятельных людей при Александре III. Но письмо всё-таки дошло до царя. Однако убийц собственного отца он простить не мог.

В 1883 году в Петербурге на месте убийства Александра II был заложен храм Спаса на Крови.

❿

колючий	とげのある
оберег	魔除け
болгары (複), болгарин (単)	ブルガリア人

⓲

народоволец	「人民の意思」党員
первомартовцы (複)	「3・1事件の人々」
помилование	赦免、特赦
перехватить	横取りする、奪取する

17 ハリネズミ

　奇妙に思えるかもしれませんが、スラブ人の神話では、小さなとげのあるハリネズミが特別な地位を占めています。古代から、スラブ人はハリネズミと縁のある魔除けを使って悪霊と戦い、これらの小さな生き物の助けを借りて深刻な病気を治療しました。伝説によると、ハリネズミはとても賢く、地球を創造する時、神でさえ彼のアドバイスに耳を傾けるほどだったと言います。

　ブルガリア人はハリネズミが最も賢いと考えていました。というのも、ハリネズミは長くこの世に住んでいて、これまでに起こったこと全てを覚えており、おまけに特別な若返りハーブの使い方を知っているため決して年を取ることがないからです。

18 血の上の救世主教会

　皇帝アレクサンドル2世は、1881年3月に8人の「人民の意志」党員のテロリストグループによって殺害されました。彼らは、「3・1事件の人々」という呼び名を付けられました。6人が絞首刑を宣告されました。レフ・ニコラエヴィチ・トルストイは刑を減ずるように、新しい皇帝、アレクサンドル3世の説得を試みました。アレクサンドル3世の治世下で最も影響力のある人物の一人、K.P. ポベドノスツェフはL.N. トルストイの手紙を「奪取」しようとしましたが、それでも手紙はアレクサンドル3世に届きました。しかし、新しい皇帝は自分の父親の殺人者たちを許すことはできませんでした。

　1883年、ペテルブルクのアレクサンドル2世暗殺現場で、血の上の救世主教会の建築がはじまりました。

19 Третьяковская галерея

Третьяковская галерея — большой музей в центре столицы. Его основал богатый московский купец Павел Третьяков 170 лет назад. Его фамилия и дала название музею. Третьяков очень ценил искусство и хотел, чтобы великолепные картины известных художников мог увидеть любой желающий. Он покупал скульптуры, портреты, натюрморты и пейзажи, созданные лучшими русскими и голландскими мастерами. Все эти предметы искусства были выставлены в доме, принадлежавшем Третьякову. Когда его коллекция уже была огромной, он подарил её городу.

20 Стоматолог

Времена, когда взрослые и дети боялись стоматологов как огня, давно прошли. Современные технологии позволяют абсолютно безболезненно лечить зубы, а детский стоматолог точно знает, как отвлечь маленького пациента. Но почему-то многие родители до сих пор думают, что молочные зубы лечить не нужно, ведь они всё равно поменяются. Но это совсем не так, а начинать чистить зубы нужно с появления самого первого зуба. В качестве первой щётки можно использовать специальный силиконовый напальчник.

⓳

основать	創立する、開設する
ценить	高く評価する、尊重する
желающий	希望者
натюрморт	静物画

⓴

стоматолог	口腔科医、歯科医
отвлечь	注意をそらす
силиконовый	シリコンゴム製の
напальчник	指歯ブラシ

19 トレチャコフ美術館

　トレチャコフ美術館は、首都の中心部にある大きな美術館です。それは 170 年前に裕福なモスクワの商人パーベル・トレチャコフによって設立されました。彼の姓が博物館の名前になっています。トレチャコフは芸術を高く評価し、望む人は誰でも、有名な芸術家のとても素晴らしい絵画を見ることができるようにしたいと思っていました。彼は、ロシアとオランダの最高の巨匠によって創造された彫刻、肖像画、静物画と風景を購入しました。これらの芸術作品は全て、トレチャコフの所有する建物に展示されていました。自分のコレクションがかなり膨大になったので、彼はそれを市に寄付しました

20 歯科医

　大人も子どもも歯科医をひどく恐れていた時代は遠く過ぎ去りました。現代の技術はまったく痛みを伴わずに歯を治療することを可能にし、小児歯科医は小さな患者の気をそらす方法をちゃんと知っています。しかし、どういうわけか多くの親は現在に至るも、乳歯は結局生え変わるので、治療する必要はないと考えています。しかし、まったくそうではなく、最初の歯が現れた時からブラッシングを開始する必要があります。初めてのブラシとして、特別なシリコンゴム製の指歯ブラシが使えます。

21 Парикмахерские

История создания парикмахерских уходит в древние времена человечества. Уже тогда причёски служили для выделения людей из толпы. Для этого мужчины жгли себе волосы огнём, или срезали их при помощи кремня. У женщин были другие способы: они собирали волосы в пучок и завязывали их кожаным ремешком, ну или плели косы, которые и по сей день очень популярны. Всё это и положило начало парикмахерскому ремеслу с древних времён до настоящего времени.

22 Курящие и Ковид-19

В 2019 году в России насчитали 27,9 млн курящих. Это 23,1% россиян старше 15 лет. Статистические данные за 2020 год показывают, что количество курильщиков уменьшилось на 1,33 млн, или 4,7%.

Возможно, часть курящих россиян унесла новая коронавирусная инфекция (Ковид-19). Кто-то испугался предупреждений о повышенной опасности ковида именно для курильщиков, и бросил курить. Кто-то из-за эпидемиологических ограничений потерял заработок и понял, что экономить придётся на всём, в том числе на табачных изделиях.

㉑

толпа	群衆、人混み
кремень	火打石
пучок	束
плести	編む

㉒

статистический	統計の
унести	運び去る
эпидемиологический	疫学、感染症研究の

21 理髪店

　理髪店草創の歴史は、人類の古代にまでさかのぼります。すでに古代文明において、ヘアスタイルは大勢の中で人を見分けるのに役立ちました。そのために、男性は火で髪を燃やしたり、あるいは火打石で髪を切り落としたりしました。女性にはほかの方法もありました。女性は、髪を束ねて革のストラップで結ぶか、今日でも非常に人気のある三つ編みにしました。これら全てが、古代から現在までの理髪業の起源となりました。

22 喫煙者と新型コロナウイルス感染症

　2019 年には、ロシアで 2,790 万人の喫煙者がいました。これは 15 歳以上のロシア人の 23.1％です。 2020 年の統計資料は、喫煙者数が 133 万人、つまり4.7％減少したことを示しています。

　新しいコロナウイルス感染症（COVID-19）が喫煙しているロシア人の一部を消し去った可能性があります。コロナウイルスの危険性が特に喫煙者に対して高まるという警告に驚いてタバコを止めた人もいれば、疫学上の制限が理由で収入を失い、タバコ製品を含む全ての物を節約しなければならないことに気付いた人もいます。

23 Средняя продолжительность жизни в России

По данным Минздрава в 2019 году средняя продолжительность жизни в России достигла исторического максимума и составила 73,4 года. В 2018 году — 72,9 лет. В 2017 — 72,7 лет.

Это огромный прогресс по сравнению с 1990-ми. Тем не менее, Россия всё ещё на несколько лет отстаёт по продолжительности жизни от стран Запада, таких как США, Германия или Япония.

Состояние медицины в России резко улучшилось, граждане стали вести более здоровый образ жизни. Выросло качество питания, упало потребление алкоголя, больше людей стало заниматься спортом и так далее.

24 Белка

Самое активное время суток у белок утро и вечер. Линька у белки обыкновенной происходит дважды в год, но шерсть на хвосте меняется только 1 раз в год. Белка может остаться целой и невредимой при падении с высоты 30 метров. Помогает ей в этом хвост, который она использует в таких случаях как парашют.

Чтобы пережить зиму одной белке необходимо около 3 000 орехов. Каждую осень белки делают запасы на зиму, пряча по разным укромным местам орехи, шишки, грибы. Но вот в пищу употребляют они только 1/4 от этих запасов. Белки забывают, в каких местах они хранятся.

㉓

данные	データ、資料
Минздрав	保健省
достичь	到達する
максимум	最大値

㉔

линька	（動物の）毛が抜け替わること
шерсть	（動物の）毛
пряча < прятать	隠す
укромный	人目につかない
шишка	松ぼっくり

23 ロシアの平均寿命

　保健省の資料によると、2019 年にロシアの平均寿命は過去の最大値に達し、73.4 歳になりました。2018 年は 72.9 歳。2017 年は 72.7 歳でした。

　これは 1990 年代に比べると非常に大きな進歩です。とはいえ、それでもなおロシアの寿命は、米国、ドイツ、日本などの西側諸国にまだ数年の差があります。

　ロシアの医学の状態は劇的に改善し、市民はより健康的なライフスタイルを採り始めました。食品の品質は向上し、アルコール消費量が減少し、より多くの人々がスポーツ等を行うようになりました。

24 リス

　リスが最も活動的になる時間は朝と夕方です。普通のリスは年に 2 回毛が抜け替わりますが、尻尾の毛が替わるのは年に 1 回だけです。リスは、30 メートルの高さから落下してもなんともありません。落下の際にパラシュートとして使うこの尻尾がリスを助けています。

　冬を乗り切るには、1 匹のリスに約 3,000 個のナッツが必要です。毎年秋に、リスは冬用の備蓄を行い、ナッツ、松ぼっくり、キノコを人目につかないいろいろな場所に隠します。しかし、リスが食べるのはこの備蓄量の 4 分の 1 だけです。リスはそれらをどこに保存したかを忘れるのです。

STEP1
STEP2
STEP3

25 Магнитоплан

Магнитоплан — это поезд на магнитном подвесе, движимый и управляемый магнитными силами. Такой состав, в отличие от традиционных поездов, в процессе движения не касается поверхности рельса. Так как между поездом и поверхностью движения существует зазор, трение исключается.

Скорость, достижимая магнитопланом, сравнима со скоростью самолёта. Сегодня такой поезд способен передвигаться на скорости до 600 километров в час. А в будущем трасса Санкт-Петербург — Петрозаводск — Челябинск — Владивосток длиной более 12 тысяч километров могла бы преодолеваться за 14 часов.

26 Уральский хребет

Уральский хребет — это естественная граница, через которую до сих пор идёт всего несколько дорог. И с запада и востока - климат одинаковый, леса похожи, ископаемые есть и там и там. Но к западу от хребта и сейчас намного меньше городов и заводов, чем к востоку. А сто лет назад населения в Предуралье было в десять раз меньше, чем в Зауралье.

Мы привыкли считать, что люди и цивилизация пришли на Урал с запада, откуда-то из Москвы. Но история и настоящая статистика свидетельствует, что всё было совсем наоборот. На Урал цивилизация пришла не из Европы, а из Азии.

㉕

магнитоплан	リニアモーターカー
подвес	サスペンション
движимый	動かせる
управляемый	操縦できる
состав	列車
преодолеваться	走破する

㉖

ископаемые	鉱物
привыкнуть	習慣がつく、なじむ
настоящий	本物の、実際の
цивилизация	文明

25 リニアモーターカー

　リニアモーターカーは、磁力によって動かし運転する磁気サスペンションの列車です。このような列車は、従来の列車とは異なり、移動中にレールの表面に接触しません。列車と走行面の間に隙間があるため、摩擦がなくなります。

　リニアモーターカーの達成可能速度は、航空機の速度に匹敵します。現在、このような列車は時速約 600 キロメートルの速度で移動することができます。将来サンクトペテルブルク - ペトロザボーツク - チェリャビンスク - ウラジオストクの長さ 12,000 キロメートル以上のルートを、14 時間で走破する日が来るかもしれません。

26 ウラル山脈

　ウラル山脈は自然がつくった境界線で、山脈を越える道路はこれまで全部で数本しかありません。西でも東でも、気候は同じで、森は似ているし、鉱物はどちらにもあります。しかし、尾根の西側の都市や工場は、今も東側よりはるかに少ないのです。また、100 年前には西側の人口は東側の 10 分の 1 でした。

　私たちは、人々と文明がモスクワかどこか、西の方からウラルにやってきたと考えがちでした。しかし、歴史と実際の統計は、全てがまったく逆であったことを示しています。ウラルに文明が到来したのは、ヨーロッパからではなく、アジアからでした。

27 Взрыв лампы накаливания

Сижу и читаю книгу. Комната освещается люстрой с 5 лампами накаливания "свечка". В какой-то момент одна из ламп в люстре начинает светить ярче, чем остальные лампы. Я этому не придал особого значения и продолжил чтение. И вдруг громкий хлопок, как будто петарда взорвалась. И темнота. Это выбило автомат в щитке в подъезде. Осколки от лампы по всей комнате разлетелись. В темноте выкручивал из патрона остатки от взорвавшейся лампы и включал автомат. К сожалению, у нас эти явления часто встречаются в практике эксплуатации осветительных приборов.

28 Аплодисменты

Хлопать после посадки самолёта — это почти то же самое, что сказать «спасибо, было очень вкусно» после ужина в ресторане. Пилоты, равно как и повара, этого не услышат и узнать о реакции благодарных пассажиров могут только от бортпроводников. Соответственно, хлопая, мы делаем это не столько для них, сколько для себя.

Можно заметить, что сразу после посадки раздаётся не шквал аплодисментов. Всегда есть два-три солиста, которые начинают первыми, а к ним уже присоединяются другие пассажиры. Эти солисты в той или иной мере боятся летать и их напряжение достигает пика при посадке. Люди в стрессе, им нужно срочно выпустить эмоции.

㉗	
лампа накаливания	白熱電球
хлопок	打撃音
петарда	爆竹
взорваться	爆発する、炸裂する
автомат	ブレーカー

㉘	
хлопать	拍手する
бортпроводник	客室乗務員
не столько … , сколько …	…というより、むしろ…
присоединяться	合流する、一緒になる
напряжение	緊張
достигать	〜に到達する
выпустить	開放する

27 白熱電球の破裂

　私は座って本を読んでいます。部屋は5つの「キャンドル」型白熱電灯からできているシャンデリアによって照らされています。いつの間にか、シャンデリアの電灯の1つがほかの電灯よりも明るく輝き始めています。私はこれを特に意味があるものと考えず、本を読み続けました。すると突然、爆竹がさく裂したかのような大きな音がしました。そして闇。これにより、玄関の配電盤のブレーカーが落ちました。電灯の破片が部屋中に飛び散りました。暗闇の中で、私は破裂したランプの残りをソケットからねじって外した後ブレーカーをオンにしました。残念ながら、私たちの所では、こうした現象は照明器具を扱う際によくあることです。

28 拍手

　航空機着陸後の拍手は、レストランでの夕食後に「ありがとう、とてもおいしかった」と言うのとほとんど同じです。パイロットたちは、料理人たちと同様に、この言葉を聞くことはなく、感謝している乗客の反応を知るのは、客室乗務員からだけです。したがって、拍手をしながら、私たちはこれをパイロットのためというよりは、自分たち自身のために行っているのです。

　着陸してすぐに拍手が湧き起こるのではないことを指摘しておきます。いつも最初に開始するソリストが2人か3人いて、それにほかの乗客も加わっていきます。これらのソリストたちは飛行をある程度恐れており、着陸中に彼らの緊張はピークに達します。これらの人々はストレスを感じており、急いで感情を解放する必要があるのです。

STEP1

STEP2

STEP3

29 Гранд Экспресс

Вчера вернулись из Санкт-Петербурга на «Гранд Экспрессе». Поезд изумительный. Купе встретило нас чистотой, свежими фруктами, шоколадкой, телевизором, сейфом, феном, туалетом, душем, всеми принадлежностями для гигиены. Это, в общем, не поезд, а приличный отель на колёсах.

Вежливая милая проводница всё нам показала, всё объяснила, приняла заказ на горячий завтрак и бесплатное такси от вокзала до дома. Когда проснулись, нам подали завтрак точно по времени заказа. Как только подъехали к вокзалу, у вагона нас ждал шофёр такси, который отлично довёз до дома.

Это очень удобный поезд как для деловых поездок, так и для путешествий с детьми.

30 Остров Сахалин

В 1890 году Антон Павлович Чехов, уже известный писатель, совершил путешествие через всю страну на остров Сахалин. Сахалин называли «каторжным» островом, потому что там издавна содержали людей, отбывавших каторгу или по окончании каторжного срока живших там на поселении. Именно туда, в этот «ад», о котором мало знали и мало думали в просвещённом культурном обществе, и отправился Чехов один.

Поездку на Сахалин и возвращение на пароходе вокруг Азии в Одессу Чехов планировал как единое путешествие на Восток. Но главной целью был Сахалин. Узнав о задуманном, родные, друзья и знакомые отговаривали его, но Чехов был непреклонен и отправился.

㉙	
принадлежности	一揃い、セット
гигиена	衛生、衛生学
как только	〜するやいなや

㉚	
содержать	収容する
отбывать	服役する
каторга	懲役刑

29 グランドエクスプレス

昨日、「グランドエクスプレス」に乗ってサンクトペテルブルクから戻りました。素晴らしい列車です。コンパートメントは清潔で、新鮮な果物、チョコレート、テレビ、金庫、ヘアドライヤー、化粧室、シャワー室、あらゆるアメニティグッズが揃っていました。それは、もはや列車ではなく、車輪に乗った上品なホテルでした。

礼儀正しく感じのいい女性の車掌が私たちに全てを見せて、全てを説明し、温かい朝食の注文を取り、駅から家までの無料タクシーの注文を受け付けてくれました。目が覚めたら、頼んだ時間どおりに朝食が出ました。駅に着いたかと思うと、私たちの客車の近くにタクシーの運転手が待っていて、快適に家まで送ってくれました。

出張だけでなく子ども連れの旅行にも大変便利な列車です。

30 サハリン島

1890 年、すでに著名な作家であるアントン・パヴロヴィチ・チェーホフが国を横断してサハリン島に向かう旅を行いました。サハリンは「囚人」の島と呼ばれていました。それは、ずっと昔から島に収容されていたのが、懲役刑に服していたり、刑期を終えた後に流刑囚としてその地に住んでいた人々だったからです。ほかならぬその場所、啓蒙された文化社会ではほとんど知られておらず、ほとんど考えられていなかったこの「地獄」へ、チェーホフは 1 人で出発したのでした。

サハリンへの旅行と、気船でアジア周辺を巡りオデッサへ帰る旅を、チェーホフは、東洋へのひとつながりの旅行として計画していました。しかし、主な目的はサハリンでした。彼の計画について知った親戚、友人、知人は彼を思いとどまらせようとしました。しかしチェーホフは揺るぐことなく、出発しました。

поселение	流刑、植民地
отговаривать	思いとどまらせる
непреклонный	不屈の、揺るぎない

31 Порог

Обычай не наступать на порог существовал очень давно и у разных народов. Порог считался важным местом, отделяющим жилище от остального мира, часто опасного и враждебного.

В старину русские верили, что, наступив на порог, можно потревожить домового и других духов, охраняющих дом. Поэтому на пороге нельзя стоять, и при входе в дом надо через него перешагнуть.

Наши современники в домовых и духов уже не верят, но обычай остался. Не принято также здороваться через порог, разговаривать, передавать вещи и особенно деньги. Эти правила до сих пор соблюдают, скорее на всякий случай.

32 Мастерская по ремонту обуви

У меня на зимнем сапоге сломалась молния. Я решила отнести сапоги в мастерскую. Маленькая мастерская по ремонту обуви открылась в соседнем доме совсем недавно. Она работает в небольшом подвальном помещении.

Мастер встретил меня приветливо, взял сапоги, выдал квитанцию и спросил, когда я хочу получить заказ. Мы договорились, что я зайду на следующий день. Я хотела сразу же оплатить работу, но мастер сказал, что это можно сделать после получения заказа. На следующий день я уже держала в руках свой сапог. Скорость и качество работы мне очень понравились. И цена оказалась вполне приемлемой.

 31

враждебный	敵意のある
потревожить	心配させる、不安にさせる
домовой	ダマボイ、家の精、家の守り神

32

молния	ファスナー
подвальный	地下の
помещение	スペース、部屋
приемлемый	妥当な

31 敷居

　敷居を踏まないという習慣は、ずいぶん昔からさまざまな民族に存在していました。敷居は、住居と、しばしば危険で敵対的なほかの世界とを隔てる重要な場所と考えられていました。

　昔、ロシア人は、敷居を踏むと家を守っているダマボイやほかの精霊に不安を与えかねないと信じていました。したがって、敷居の上には立ってはならず、家に入るときは敷居を跨いで越えなければなりません。

　私たちの同時代の人々はもはやダマボイや精霊を信じていませんが、習慣は残っています。また同様に、敷居越しにお互いにあいさつしたり、話したり、物、特にお金を渡すことはしてはいけないことになっています。これらのルールは、どちらかと言えば万一のためにという意味合いで、今日まで守られています。

32 靴修理店

　冬用のブーツのファスナーが壊れました。私はブーツを修理店に持って行くことにしました。つい最近隣の建物に小さな靴修理店がオープンしました。修理店は地下の小さなスペースにあります。

　店長は愛想よく私を迎え、ブーツを受け取り、預かり証を出し、いつ受け取りたいかを尋ねました。翌日私が（受け取りに）立ち寄ることで合意しました。すぐに修理代を支払いたかったのですが、店長は注文品を受け取ってからで良いと言いました。次の日には私はブーツを手にしていました。仕事のスピードと質が私はとても気に入りました。値段もかなりリーズナブルでした。

33 Интернет-магазин

Первый интернет-магазин в России появился в 1996 году в Москве. На момент его появления он был полностью книжным. Через год в стране появились первые проекты по интернет-банкингу. Были созданы первые автоматические интернет-шлюзы, которые позволяли обрабатывать поступающие заказы за считанные секунды. То есть именно в этом году российский интернет-трейдинг осуществил резкий рывок вперёд, который и определил его дальнейшее развитие. Именно в этом году в России появилась возможность заказывать подушки, одеяла и другие товары, просто войдя в интернет.

34 Собор Богоявления в Елохове

В северно-восточной части Москвы располагается район, называемый Елохово. Когда-то тут находилось небольшое селение, присоединившееся со временем к столице. Здесь нашёл себе приют храм Богоявления, кафедральный собор в Елохове.

Первое упоминание о церкви в этом селе относится к 1698 году. Со временем храм из простой древесины обветшал, что привело к необходимости создания каменного здания. Строительство заняло несколько лет. Первый камень был заложен в 1717 году, но воздвигнуть строение удалось лишь в 1722 году. В этом храме 8 июня 1799 г. был крещён будущий русский поэт А.С. Пушкин.

33

шлюз	水門、出入口、ゲートウェイ
считанный	ほんのわずかの
рывок	急激な動き

34

приют	休息所、避難所
древесина	木材
обветшать	老朽化する
воздвигнуть	建設する

33 オンラインストア

　ロシアで最初のオンラインストアは、1996 年にモスクワに登場しました。現れた当初のオンラインストアはどこからどう見ても書店でした。1 年後、ロシア国内に初めてインターネット・バンキング・プロジェクトが現われました。自動で外部のネットワークに接続するシステムが初めて作成され、届いた注文を数秒で処理できるようになりました。つまり、まさにこの年にロシアのインターネット取引が急速に著しく前進しました。そのことがネット取引のその後のさらなる発展を決定付けました。ほかならぬこの年に、ネットにアクセスするだけで、枕や毛布、そのほかありとあらゆるものを注文することができる可能性がロシアに生まれました。

34 イェロホヴォ神現教会

　モスクワの北東部には、イェロホヴォと呼ばれる地域があります。昔ここには、後に首都に組み込まれる小さな村がありました。ここに安息の地を見つけたのが、神現教会、イェロホヴォの大聖堂でした。

　この村の教会に関する初めての記述が見られるのは 1698 年のことです。時間がたつにつれて、簡素な木の寺院は老朽化したので、石造りの建物を作る必要が生じました。建設には数年かかりました。最初の石が置かれ（工事が始まっ）たのは、1717 年ですが、建物を無事建設し終えたのはようやく 1722 年になってのことでした。1799 年 6 月 8 日、やがてロシアの詩人となる A.S. プーシキンがこの教会で洗礼を受けました。

35 Пискарёвское кладбище

Пискарёвское кладбище — место скорби, крупнейшее в мире. Оно является одним из самых известных в России мемориалов павшим в годы Великой Отечественной войны. Туда приходят, чтобы поклониться тем, кому нынешние поколения обязаны своей жизнью. Пискарёвский мемориальный комплекс для каждого петербуржца-ленинградца больше, чем просто точка на карте. Это место боли, скорби и памяти. Самое большое в мире массовое захоронение: только по официальным данным здесь покоятся около полумиллиона человек. Это население немаленького города. Но на гранитных плитах нет ни имён, ни фамилий.

36 Мороженое

Русские едят мороженое зимой, чтобы стало теплее. По одной из версий мороженое холодной зимой даёт тот же эффект, что и горячий чай жарким летом. Иными словами, употребление очень холодной еды приводит к температурному балансу, то есть температура тела и окружающей среды становится более-менее одинаковой. Из этого следует вывод, что в момент, когда человек лакомится мороженым в морозное время, ему уже не так холодно. Такое мнение, кажется, не совсем верно. Но, скорее, вполне возможно, что многие едят зимой мороженое только по той причине, что не могут устоять перед желанием полакомиться чем-нибудь вкусненьким.

35

скорбь	深い悲しみ
павшие	戦死者
Великая Отечественная война	大祖国戦争
обязанный	～に負うところがある

36

версия	説
лакомиться	食べる
устоять	立ち続ける、屈しない

35 ピスカリョフ墓地

　ピスカリョフ墓地は深い悲しみにつつまれた世界で最も大きな場所です。それは、大祖国戦争中に亡くなった人たちにささげられた、ロシアで最も有名な記念碑の1つです。今の世代の人たちが、自分たちの生命の恩人に対して敬意を表するためにここを訪れます。ペテルブルク・レニングラードに生まれた人たち一人ひとりにとって、ピスカリョフ記念施設は、地図上の単なる点ではありません。そこは、痛み、悲しみ、記憶の場所です。世界最大の集団墓地で、公式資料だけでも、約50万人がここに眠っています。これは、かなり大きな都市の人口に匹敵します。しかし、花崗岩のプレートには名前も姓もありません。

36 アイスクリーム

　ロシア人はより暖かくなるために冬にアイスクリームを食べます。ある説によると、寒い冬のアイスクリームは暑い夏の熱いお茶と同じ効果があります。言い換えれば、非常に冷たい食べ物を食べることは温度のバランスをとることにつながります。つまり、体温と周りの環境の温度がほぼ同じになります。このことから、氷点下の中でアイスクリームを食べているその時、人はもはやそれほど寒くないという結論が出てきます。この意見は完全に正しいとは思えません。しかし、多くの人が冬にアイスクリームを食べるのは、何かおいしい物を胃に入れたいという欲求にあらがうことができないという理由だけだという方が、むしろ大いにあり得ます。

37 Российская Федерация

Россия (Российская Федерация, в сокращённой форме РФ) — крупнейшая по площади страна мира, занимающая 1/9 земной суши.

Протяжённость РФ с юга на север — около 4 000 км, с запада на восток более 10 000 км. РФ располагается в восточной части Европы и северной части Азии. Европейская Россия представляет собой 23% площади государства, однако в ней сосредоточено 78% населения.

Современную Россию можно считать северной страной. Её основная часть расположена между 70° и 50° северной широты, около 20% территории лежит за Северным полярным кругом.

38 Места для инвалидов

На днях я ехала в переполненном автобусе. Я стояла, а передо мной сидела беременная девушка на очень хорошем сроке — животик уже большой.

И тут на остановке заходит женщина с палочкой, хромает и говорит водителю, что она инвалид. Все видят, что женщине трудно стоять, все демонстративно смотрят в окно или типа спят, и вдруг беременная девушка уступила место этой тётеньке.

В автобусе сразу начался гвалт, согнали молодого парня, который тоже сидел на месте для инвалидов. Он с неохотой, но уступил место. Ведь у нас в автобусе объявляют: «Уважайте друг друга. Уступайте места пожилым людям, инвалидам, пассажирам с детьми и беременным женщинам».

37	
суша	陸地
широта	緯度
полярный круг	極圏

38	
хромать	足を引きずって歩く
гвалт	騒ぎ
согнать	追い立てる

37 ロシア連邦

　ロシア（ロシア連邦、略称は RF）は、面積で世界最大の国であり、地球の陸地の 1/9 を占めています。

　ロシア連邦の南から北への長さは約 4,000km、西から東へは、10,000km 以上です。ロシア連邦はヨーロッパの東部とアジアの北部に位置しています。ロシアのヨーロッパ地域は国の面積の 23％を占めていますが、人口の 78％がそこに集中しています。

　現代ロシアは北の国と見なすことができます。その主要部分は北緯 70 度から 50 度の間にあり、領土の約 20％が北極圏にあります。

38 優先席

　先日、満員のバスに乗って出かけていました。私は立っていたのですが、目の前に妊娠中の若い女性が座っていました。間もなく出産という時期で、おなかがもうかなり大きくなっていました。

　すると停留所で杖をついた女性が乗車してきて、足をひきずりながら、運転手に身体が不自由であることを告げました。この女性が立っているのも難しいことは誰の目にも明らかでしたが、誰もがこれみよがしに窓の外を見たり、眠ったりしていました。突然、妊娠中の若い女性がこの女性に席を譲りました。

　すぐさまバスの中で騒ぎが起き、優先席に座っている青年は席から追い立てられました。彼はしぶしぶ席を譲りました。というのも、バスには次のような掲示があるのですから。「お互い尊敬し合いましょう。高齢者、身体障害者、子ども連れの乗客、妊娠中の女性に席を譲ってください」

39 Дом Раскольникова

Однажды я водила экскурсию по местам Достоевского в Петербурге. Во дворе дома Раскольникова ко мне подошла старушка и сказала: «Моя семья живёт в этом доме уже пять поколений. И моя прабабушка знала Раскольникова. Он жил под одной крышей, а старуха, которую он убил, работала в прачечной. Никто не знал, чем его так взбесила эта старуха. Но прабабушка видела, как Раскольников выбежал с сумасшедшими глазами и с топором, и зарубил старушку. Кровь была… потом долго никто в эту прачечную не ходил».

Иногда встречаются такие люди, которые воспринимают Раскольникова не как литературного героя, а как реально существовавшего человека.

40 Сирень

Сирень очень любят в России. Её можно встретить в городах и деревнях, в парках и скверах, во дворах многоэтажных домов. Кусты сирени украшают старинную усадьбу и маленький деревенский домик. Неприхотливое растение хорошо переносит зиму и большую часть года не привлекает внимание. Но всё меняется в мае, когда сирень зацветает!

Нежное и пышное цветение символизирует пробуждение природы, обновление, любовь. Сирень бывает светло-лиловой и белой. Большинство цветков имеют 4 лепестка, но попадаются и цветки с пятью лепестками. Считается, что найти такой цветок — к счастью.

Сирень также любят и за дивный аромат, который будит чувства, дарит лирическое настроение. Множество русских песен, романсов, стихов посвящены сирени.

39 ラスコリニコフの家

　ペテルブルクのドストエフスキーゆかりの地の見学案内をしていると、ラスコリニコフの家の中庭で、老婆が私に近付いてきて、次のように言いました。「私の家族はこの建物にすでに5世代住んでいます。ですから私の曽祖母はラスコリニコフを知っていました。彼は同じ建物に住んでいて、彼が殺した老婆は洗濯場で働いていました。この老婆がなぜあんなに彼を怒らせたのか誰も分かりませんでした。でも、曽祖母は、狂った目をしたラスコリニコフが斧を持って走り出し、老婆を切り殺したのを見たのです。血が流れました……。その後長い間、誰もこの洗濯場には足を踏み込みませんでした」

　時折、ラスコリニコフを文学作品の主人公としてではなく、現実に存在した人物として受け取っている人々と出会うことがあります。

40 ライラック

　ライラックはロシアでとても好かれています。都市部や地方、公園や広場、そして高層ビルの中庭でこの花を目にすることができます。ライラックの茂みは、古い屋敷や小さな村の家を飾っています。慎み深いこの植物は冬によく耐え、1年のほとんどの間、人の目を引くことはありません。しかし、ライラックが咲く5月に全てが変わります！

　柔らかくふさふさとした花が開くことは、自然の目覚め、新たな始まり、そして愛を象徴しています。ライラックは明るい薄紫と白い色をしています。ほとんどの花には4枚の花びらがありますが、5枚の花びらのものもあります。5枚花弁の花を見つけると幸せになると信じられています。

　ライラックが好かれているのは、感受性を呼び起こし、叙情的な気分をもたらす不思議な香りをもっているからでもあります。ライラックにささげられたロシアの歌、ロマンス、詩はたくさんあります。

STEP1　STEP2　STEP3

㉟

поколение	世代
прачечная	洗濯屋、クリーニング店
взбесить	激怒させる
зарубить	（斧で）切り殺す

㊵

неприхотливый	控えめな
светло-лиловый	明るい薄紫
лепесток	花びら
попадаться	出会う

STEP 1

41 Церковное пение

В православной церкви хор играет очень важную роль. Всё богослужение облечено в церковную музыку. Церковное пение должно напоминать ангельское небесное пение. В православной службе нет места никаким музыкальным инструментам, звучит только человеческий голос, созданный самим Богом инструмент.

В древности на Руси сложился особый знаменный распев: пение было одноголосным, звучание — строгим, молитвенным, торжественным.

Позднее, уже в XVII-XVIII веках, церковное пение становится многоголосным. Многие великие русские композиторы сочиняли церковные песнопения, например Чайковский, Римский-Корсаков, Рахманинов.

42 Будущий актёр

Сергей Юрский родился в 1935 году в Ленинграде в творческой семье. Мать была преподавателем музыки, отец — режиссёром и руководителем цирка.

Во время войны семья находилась в Узбекистане, потом переселилась в Москву, где отец работал худруком цирка. Через пять лет семья вновь оказалась в Ленинграде.

Окончив школу с золотой медалью, будущий актёр поступил без экзаменов на юридический факультет Ленинградского университета. Молодой человек успешно учился, но больше всего его увлекала работа в студенческом театре. Через три года он решил бросить университет и поступил в Ленинградский театральный институт имени А. Н. Островского.

православный	正教の
богослужение	祈祷、礼拝
облечено<облегчить	表現する、具体化する
сложиться	形成される、できあがる
распев	歌唱法
песнопение	聖歌

худрук	美術監督
оказаться	いる、来る
увлекать	熱中させる、魅了する
бросить	やめる、去る

41 教会の声楽

　正教会では、聖歌隊が非常に重要な役割を果たしています。全ての正教の祈祷は教会音楽で表現されます。教会の歌は、天使のような天上の歌を思い起こさせなければなりません。正教会の礼拝では、音楽のための楽器は一切用いられません、響き渡るのは、神そのものによって作られた楽器である人間の声だけです。

　遠い昔のルーシにおいて、特別なズナメニ聖歌ができあがりました。それは単旋律（モノフォニー）の歌でした。その響きは、厳粛で、祈りがこめられた荘重なものでした。

　その後、すでに 17 ～ 18 世紀には、教会の歌は多声歌唱（ポリフォニー）となりました。チャイコフスキー、リムスキー・コルサコフ、ラフマニノフなど、多くの偉大なロシアの作曲家が教会の聖歌を作曲しました。

42 俳優の卵

　セルゲイ・ユルスキーは 1935 年にレニングラードの芸術的な家庭に生まれました。母は音楽教師、父はサーカスの舞台監督であり責任者でした。

　戦争中、家族はウズベキスタンにいましたが、その後モスクワに移り、そこで父はサーカスの美術監督として働きました。5 年後、家族は再びレニングラードにいました。

　優秀な成績で学校を卒業した後、将来の俳優は試験なしでレニングラード大学の法学部に入学しました。この若い男性はちゃんと勉強していたのですが、何よりも学生劇場での活動に夢中になりました。3 年後、彼はレニングラード大学をやめることを決心し、A．N. オストロフスキー記念レニングラード演劇大学に入学しました。

43 Майя Плисецкая

Майя Плисецкая стала символом русского балета, которым в Японии увлекаются уже несколько десятилетий. Балерина впервые посетила Японию в 1968 году. Хореограф Морис Бежар специально поставил для неё спектакли по японским мотивам. Плисецкую неоднократно приглашали в Японию для участия в постановках.

В 2003 году в театре Такарадзука, где играют только девушки, состоялась премьера мюзикла "Аида", в котором прославленная балерина поставила танцевальные номера. В 2006 году за выдающиеся достижения в области мирового искусства Плисецкая была удостоена Международной Императорской премии Японии. А в 2011 году она стала кавалером Ордена Восходящего солнца.

44 Термометр за окном

Почти у каждого дома за окном висит термометр. Но термометр за окном не показывает реальную температуру воздуха. Он показывает температуру воздуха вокруг здания. Зачастую на уличный термометр действует множество факторов, которые искажают его показания.

Зимой это тепловое излучение здания, открытые окна, системы отопления и т.д. Все эти факторы завышают температуру в зимнее время. Летом — солнечное излучение, излучение здания и антропогенные (человеческие) источники тепла или холода.

Измерить реальную приземную температуру воздуха очень сложно. Если вы хотите знать точные цифры, то обращайте внимание на официальные сводки наблюдательной сети Росгидромета. Они самые объективные.

43

хореограф	振付師
постановка	上演、演出
премьера	初演、プレミエ
прославленный	高名な
кавалер	勲章所持者

44

зачастую	しばしば、何度も
искажать	歪める、曲げる
показание	表示値
излучение	放出、放射
антропогенный	人間が原因の
Росгидромет	ロシア気象庁

43 マイヤ・プリセツカヤ

　マイヤ・プリセツカヤは、日本ですでに数十年にわたり人々を魅了しているロシアバレエのシンボルとなっています。プリセツカヤが初めて日本を訪れたのは1968年でした。振付師のモーリス・ベジャールが、日本をモチーフにした公演を彼女のために特別に披露しました。プリセツカヤは、上演への参加のためにたびたび日本に招待されています。

　2003年に、女性だけが演じる宝塚劇場で、この有名なバレリーナがダンスの演目を演出した、ミュージカル『王家に捧ぐ歌（アイーダ）』の初演が行われました。 2006年、世界の芸術分野での卓越した業績により、プリセツカヤは高松宮殿下記念賞を受賞しました。そして2011年に、彼女は旭日章の叙勲を受けました。

44 屋外温度計

　ほとんど全ての家には窓の外に温度計があります。しかし、窓の外の温度計は実際の気温を示していません。表示しているのは建物周辺の気温です。多くの場合、屋外温度計は、その表示値を歪める多くの要因の影響を受けます。

　冬には、建物の熱放射、開いている窓、暖房システムなどです。これら全ての要因が冬の気温を上昇させます。夏には、太陽放射、建物の放射、および人間が作り出す熱または冷気などです。

　実際の地表気温を測定することは非常に困難です。正確な数値を知りたい場合は、ロシア気象庁の公式情報をご覧ください。この数値が最も客観的です。

45 Калининград

Калининград — самая западная точка России. Регион привлекателен с географической точки зрения: он со всех сторон окружён другими странами: Польшей и Литвой.

Калининград — особенный город России. До Второй Мировой Войны он назывался Кёнигсберг и относился к Германии, но после войны был передан СССР, а почти всё население было выселено.

Во время бомбардировок город был разрушен и восстанавливался почти с нуля. Но при всём этом сохранил исторический облик. В Кёнигсберге родился и провёл большую часть жизни Иммануил Кант: здесь он учился, разрабатывал свою космогоническую теорию происхождения Солнечной системы. Великий философ был похоронен здесь.

46 Первый японец в России

Первым японцем, побывавшим в России, оказался католик по имени Николай. Его семья перебралась из Японии на Филиппины, где юный Николай принял постриг, а затем отправился в путешествие в Рим вместе с католическим миссионером Мело.

В 1600 году Мело решил, что будет держать путь в вечный город через Русское царство вместе с японцем Николаем. Впрочем, в Москве путешественников ждал весьма холодный приём: как чужеземцев-католиков их схватили, и царь Борис Годунов сослал их в Соловецкий монастырь. После шести лет ссылки царь Василий Шуйский опять сослал их в другой монастырь. В 1611 году японец Николай был казнён в Нижнем Новгороде за отказ перейти в православие. Долгое время в России его считали индийцем, а не японцем.

выселить	立ち退かせる、移住させる
бомбардировка	爆撃
разрабатывать	練る
космогонический	宇宙進化論の

постриг	剃髪式 (修道士となるための)
чужеземец	異国人
схватить	捕まえる
ссылка	流刑

45 カリーニングラード

　カリーニングラードはロシアの最西端です。この地域は地理的な観点から魅力的です。ここは、ポーランド、リトアニアといった国々に四方を囲まれています。

　カリーニングラードはロシアの特別な都市です。第二次世界大戦前はケーニヒスベルクと呼ばれ、ドイツに属していましたが、戦後はソ連に移管され、ほぼ全ての住民が移住させられました。

　爆撃の間に、都市は破壊され、ほとんどゼロから再建されました。しかし、それにもかかわらず、この町はその歴史的な外観を保持しています。ケーニヒスベルクで生まれ、その人生のほとんどをここで過ごしたのがイマヌエル・カントでした。ここで彼は学び、太陽系の起源に関する宇宙進化論を練り上げました。偉大な哲学者はこの地に埋葬されています。

46 ロシアを訪れた最初の日本人

　ロシアを訪れた最初の日本人はニコラスという名前のカトリック教徒でした。彼の家族は日本からフィリピンに移り、そこで若いニコラスは剃髪式を受け、その後カトリックの宣教師のメロと一緒にローマへの旅に出ました。

　1600年、メロは日本人のニコラスと共にロシア王国を通って永遠の都へと向かうことを決めました。しかし、モスクワで旅行者たちを待っていたのは極めて冷たい処遇でした。彼らは外国人のカトリック教徒として捕らえられ、皇帝ボリス・ゴドゥノフは彼らをソロヴェツキー修道院に追放しました。6年間の流刑後、皇帝ヴァシーリー・シュイスキーは再び彼らを別の修道院に追放しました。1611年、日本人のニコラスは正教への改宗を拒否したとしてニジニ・ノヴゴロドで処刑されました。ロシアでは長い間ニコラスは日本人ではなくインド人だと考えられていました。

47 Фермер

Стать фермером сейчас стремятся многие. Одни давно хотят переехать жить в деревню, другие — из-за своего стремления иметь собственный надел земли, а третьи видят в таком статусе перспективу для хорошего заработка. Но какова бы ни была причина выбора, быть фермером действительно выгодно.

Как выбрать отрасль фермерского хозяйства? Маленькое хозяйство или большая ферма? Стартовый капитал: где его взять? Как сбывать продукцию? До определённого момента в России действовала политика свободной торговли, при которой собственного сельхозпроизводителя не жаловали, отдавая предпочтение продуктам иностранного происхождения. И текущий поворот к протекционизму — это шанс для начинающих фермеров.

48 Паспорт

Каждый гражданин Российской Федерации имеет паспорт. Это основной документ, удостоверяющий личность. В паспорте есть фотография и указаны основные сведения: фамилия, имя, отчество, пол, дата и место рождения, а также сведения о браке и детях до 14 лет. Ещё в паспорте указывается место проживания человека.

Каждый паспорт имеет свой номер. Первый паспорт гражданин России получает в 14 лет. Затем он должен поменять паспорт в 20 и в 45 лет.

Для поездок за границу гражданин России получает другой, так называемый заграничный паспорт. Он выдаётся по необходимости, сроком на 5 или 10 лет. Информация в нём продублирована на английском языке. Таким образом, многие жители Российской Федерации имеют по два паспорта.

❼

фермер	農業者
надел	分配、分与
сбывать	売る

❽

удостоверять	証明する
личность	個人
продублировать	同じことを2度行う

47 農業者

　今農業者になろうと志す人はたくさんいます。以前から田舎に移住したかったという人もいれば、個人の分与地を持ちたいというのが理由の人もいます。あるいは、農業者になれば良い収入が得られるという見通しの人もいます。しかし、選択の理由が何であれ、農業者になることは、実際に有益です。

　どういう農地経営の分野を選べばいいでしょうか？　小規模経営でしょうか？　それとも大規模農場でしょうか？　スタートするための資本はどこで入手できるでしょうか？　どうやって生産物を売ればいいでしょうか？　ある時期までロシアでは、自国の農業生産者に敬意を表すことなく、外国産の生産物を優先する自由貿易政策が採られていました。ですから、現在の保護主義への転換は、農業の初心者にとってチャンスです。

48 パスポート

　ロシア連邦の全ての市民はパスポートを持っています。これは個人を証明する基本的な身分証明書です。パスポートには、写真と、姓、名、父称、性別、生年月日、出生地、結婚や 14 歳未満の子どもに関する基本情報が示されています。居住地もパスポートに記載されています。

　パスポートにはそれぞれ番号が付されています。ロシア市民は、14 歳で初めてパスポートを受け取ります。その後、20 歳と 45 歳でパスポートを変更しなければなりません。

　海外に旅行するために、ロシア市民は別の、いわゆる外国用のパスポートを受け取ります。このパスポートは必要に応じて 5 年または 10 年期限で発行されます。このパスポートの中の情報は英語で同じことが記入されています。したがって、ロシア連邦の多くの居住者はそれぞれ 2 つのパスポートを持っています。

49 Загорать на солнце

В летний погожий денёк приятно загорать на солнце. В европейской части России солнечных дней бывает не слишком много, и нужно пользоваться любой возможностью.

Некоторые устремляются на городской пляж — искупаться, поваляться на песке и позагорать. Но я предпочитаю отдых за городом.

Недавно мы с друзьями ездили отдыхать на озеро. Мы взяли с собой еду, гитару, два покрывала. Нашли хорошую поляну прямо на берегу озера. Машину поставили в тени большого дерева, а сами расположились на песке у воды. Мы искупались, а потом отдыхали на солнышке. Озеро в этом месте неглубокое, зато вода тёплая. Обед на свежем воздухе и песни под гитару завершили нашу прогулку. Усталые, но счастливые и загоревшие, мы вернулись домой.

50 Имя и отчество

В России полное имя человека включает в себя фамилию, имя и отчество. Отчество образуется от имени отца. Например, Петров Александр Иванович имеет сына Сергея и дочь Елену. Полные имена детей — Петров Сергей Александрович и Петрова Елена Александровна.

Полное имя используется в официальных документах. В быту, в семье, в кругу друзей обычно используют только имя, часто уменьшительное — Саша, Серёжа, Лена. Но обратиться таким образом к человеку старшему по возрасту, положению или просто малознакомому недопустимо.

Обращение по имени и отчеству используется при формальном общении на работе, в официальных учреждениях. Например, школьники и студенты обязательно обращаются к преподавателю по имени и отчеству. Использование имени и отчества подчёркивает уважение к собеседнику.

49 日光浴

夏の晴れた日には、日光浴をするのが楽しいです。ロシアのヨーロッパ地域では晴天の日があまり多くないので、あらゆるチャンスを生かすことが必要です。

泳いだり、砂の上でごろごろして日光浴をするために、町中にある岸辺に急いで行く人もいます。しかし、私は郊外での休息の方が好きです。

最近、私は友人と湖に休息に出かけました。私たちは、食べ物、ギター、2つのレジャーシートを持っていきました。湖の岸辺のすぐそばに良い草地を見つけました。車は大きな木の陰に駐車して、私たちは水辺の砂の上に落ち着きました。私たちはひと泳ぎした後、太陽の下で休みました。湖のこの場所は浅いですが、水は暖かいです。屋外で昼食をとり、ギターの伴奏で歌を歌い、私たちのピクニックは終わりました。疲れましたが、日焼けして、幸せな気分で、私たちは家に帰りました。

50 ファーストネームとミドルネーム

ロシアでは人のフルネームには、姓、名、父称が含まれます。父称は父親の名前から作られます。例えば、ペトローフ・アレクサーンドル・イヴァーノヴィチには、息子のセルゲーイと娘のエレーナがいます。子どもたちのフルネームは、ペトローフ・セルゲーイ・アレクサーンドロヴィッチとペトローヴァ・エレーナ・アレクサーンドロヴナです。

フルネームは公式文書で使用されています。日常生活において、家族間、友人間では、通常名前だけを使用しますが、多くの場合、愛称、例えば、サーシャ、セリョージャ、レーナを使います。しかし、年長者や目上の人あるいは単にあまり親しくない人にこうした接し方（名前だけや愛称だけで言葉を交わすこと）は受け入れられません。

職場や公的機関での正式なコミュニケーションでは、名前と父称での呼びかけが行われています。例えば、生徒や学生は必ず名前と父称で先生に話しかけます。名前と父称の使用は、対話者への敬意を強く表しています。

❹❾	
погожий	天気の良い
поваляться	しばらくごろごろしている
тень	日陰

❺⓿	
использоваться	使われる、利用される
учреждение	施設、機関
подчёркивать	強調する、際立たせる

日本語になったロシア語

■ ■ ■ ■ ■ ■ ■ ■

日本語の中には、ロシア語から入ってきた外来語もあります。

イクラ	икра		タイガ（針葉樹林）	тайга
インテリ（知識人）	интеллигенция		トロイカ（3頭立ての馬車）	тройка
ウォッカ	водка		ノルマ	норма
コンビナート	комбинат		ピロシキ	пирожки
セイウチ	сивуч		ペチカ（暖炉）	печка

　このほかにも、マトリョーシカ (матрёшка) や、最近ではチェブラーシカ (Чебурашка) というアニメのキャラクターも有名です。

　少し前には、ペレストロイカ (建て直し、перестройка)、グラスノスチ (情報公開、гласность) という言葉も、新聞に毎日のように載っていました。

　カチューシャ（Катюша）はエカチェリーナ（Екатерина）の愛称形です。日本では、最初は、作家トルストイの小説『復活』の女主人公の名前として、その後歌の題名として知られるようになりました。しかし、現代では、「髪留め」や「髪飾り」を表す単語として、多くの人が使っています。カチューシャがロシア人女性の名前だと知っている人は、はたしてどれだけいるでしょうか。

　ロシアと日本における社会変動とともに、一時的に外来語の仲間入りをした単語はいくつもありますが、時代と密接に関わる言葉だけに、今後どの単語が時代を超えて生き残るかはまだはっきりとは分かりません。

STEP 2

強化訓練

STEP 2

1 Дроны

Сейчас дроны уже не считаются экзотикой. Это даже не роскошь, а что-то вроде игрушки. Не знаю, задумывались ли вы, кому в голову пришла идея разработки такой штуки, но в 1935 году появился первый беспилотный самолёт. И «дроном» его окрестили ещё в те времена. Шум, исходящий от пропеллера, ассоциировался у изобретателей со звуком, который издаёт летающий шмель. Но на русский переводить название аппарата не стали, так он и остался дроном на всех языках.

На Красной площади, у Кремля и в Александровском саду появились таблички с перечёркнутым дроном и надписью «Бесполётная зона». Таким образом, владельцы дронов больше не могут запускать летательные аппараты и вести фото- и видеосъёмку в этих местах. Нарушителю грозит штраф (от 2 000 до 5 000 рублей для граждан и от 200 000 до 250 000 для юридических лиц).

роскошь	贅沢品
пропеллер	プロペラ
ассоциироваться	連想する、〜と結びつく

шмель	マルハナバチ
перечёркнутый	バツ印が付けられた
юридическое лицо	法人

1 ドローン

現在、ドローンはもはやエキゾチックなものとは見なされていません。それは贅沢品ではなく、おもちゃのようなものです。誰がこのような物を開発するというアイデアを思い付いたのか疑問に思ったことがあるかどうかは知りませんが、1935 年に、最初の無人飛行機が登場しています。そして、すでにその当時、この飛行機に「ドローン」という洗礼名が与えられたのです。プロペラから出る音で、発明者たちは、空飛ぶマルハナバチが発する音を連想しました。しかし、この機器の名前はロシア語に翻訳されませんでした。同様に全ての言語でその名がドローンのまま残りました。

ある時から、赤の広場とクレムリンの近く、それとアレクサンドロフスキー公園に、バツ印が付けられたドローンと「飛行禁止区域」と書かれた表示板が現れました。したがって、ドローンの所有者は、これらの場所で飛行機器を揚げたり、写真や動画を撮ったりすることはもうできません。違反者は罰金の危険にさらされます。（市民の場合 2,000 から 5,000 ルーブル、法人の場合 200,000 から 250,000 ルーブル）

STEP 2

2 Этикет в автобусе дальнего следования

В автобусе не говорите и не смейтесь слишком громко, слушайте музыку только через наушники; если хотите что-то попросить — делайте это с улыбкой. У каждого из нас есть личное пространство, вторжение в которое воспринимается как агрессия. Постарайтесь избегать физического контакта с другими пассажирами.

Берите с собой только продукты без резких запахов. Если купили на остановке гамбургер, не несите его в салон, съедайте на свежем воздухе или в придорожном кафе. И, разумеется, выбрасывайте все упаковки в мусорник, не превращайте своё место в склад обёрток и использованных судочков.

Пользоваться парфюмом в дороге — это не только моветон, но и риск для ваших соседей-аллергиков, поэтому спрячьте любимый аромат. Есть ещё одна деликатная тема, которая становится всё более актуальной с наступлением жары — это запах пота. Возьмите с собой влажные салфетки и пользуйтесь ими время от времени, отлучившись в туалет.

❷

вторжение	侵入、干渉	моветон	悪趣味
обёртка	包装紙	спрятать	隠す、しまい込む
судочек	ソース入れ	отлучиться	〜から離れる

2 長距離バスでのエチケット

　バスの中で、大声で話したり笑ったりしないでください。音楽はヘッドホンで聴いてください。何かを頼みたい場合は、笑顔で行ってください。私たち一人ひとりに個人的な空間があり、そこへの侵入は攻撃と受け取られます。ほかの乗客との身体接触を避けるようにしてください。

　　臭いの強くない食料品のみお持ちください。バス停でハンバーガーを購入した場合は、客席には持ち込まず、空気の新鮮な車外や道路沿いにあるカフェで食べてください。そしてもちろん、全てのパッケージをごみ箱に捨ててください。あなたの席を包装紙や使用済のソース入れの倉庫にしないでください。

　道中、香水をつけるのは悪趣味というだけでなく、アレルギーのある同乗者にとっては危険ですので、お気に入りの香りをしまっておいてください。暑さがやってくるともっと切実になるもう1つのデリケートな問題があります。それは汗の匂いです。ウエットティッシュを携帯し、トイレに行って時々使ってください。

STEP 2

3 Падение рождаемости

Мир ждёт глобальное падение рождаемости, и к последствиям резкого сокращения населения планеты мы плохо подготовлены. Почти все страны к концу века столкнутся со снижением численности населения. В 23 из них, в том числе в Испании и Японии, при сохранении нынешних тенденций население к 2100 году сократится наполовину. Кроме того, человечество сильно постареет. Число людей, перешагнувших 80-летний рубеж, превысит число новорождённых.

Среднее число детей у одной женщины неуклонно снижается. Если этот показатель падает ниже 2,1, население начинает сокращаться. В 1950 году среднемировой уровень составлял 4,7, а к 2017 году упал почти вдвое — до 2,4. По прогнозам группы экспертов в 2100 году он снизится до 1,7. Учёные предсказывают, что численность людей на Земле достигнет пика к 2064 году, достигнув 9,7 млрд, а затем начнёт сокращаться и к концу столетия составит 8,8 млрд человек.

❸

столкнуться	衝突する、直面する	неуклонно	絶えず、不断に
перешагнуть	踏み越える	достигнуть	到達する

3 出生率の低下

　世界は地球規模での出生率の低下に見舞われることが予想されますが、急激な世界の人口減少問題への準備は整っていません。ほぼ全ての国が今世紀末までに人口減少に直面します。スペインと日本を含む 23 カ国では、現在の傾向が続けば、人口は 2100 年までに半分に減少するでしょう。それに、人類はいちじるしく老化します。 80 歳以上の人の数が新生児の数を超えます。

　女性 1 人当たりの平均子ども数（合計特殊出生率）は減っていくばかりです。この指標が 2.1 を下回ると、人口は減少し始めます。 1950 年の世界平均は 4.7 でしたが、2017 年にはほぼ半分の 2.4 になりました。専門家グループの予測によると、2100 年には 1.7 まで減少します。地球上の人々の数は、2064 年までにピークの 97 億人に達し、その後減少し始め、世紀末には 88 億人になる、と学者たちは予測しています。

STEP 2

4 Лесной пожар

Сотрудники лесной охраны тушат несколько природных пожаров, возникших на территории Тункинского национального парка в Бурятии. По состоянию на 11:00 по местному времени (06:00 мск) общая площадь пожаров — 88 га, из них 36 га — лесная. Один пожар ликвидирован на площади 58 га, из которых 12 га — лесная.

Тункинский национальный парк расположен в долине реки Иркут, на границе с Монголией. Площадь парка составляет около 1,2 млн гектаров, большая его часть покрыта лесом.

Недалеко от этого парка также ведутся работы по ликвидации возгорания. Там тушение осложняется условиями местности: огонь пошёл в гору, склон очень крутой, до 45 градусов, местность каменистая, люди работают вручную.

В целом в регионе к тушению природных пожаров привлечены более 200 человек: это сотрудники лесной охраны, пожарные-десантники.

❹

охрана	警備隊	вручную	手作業で
ликвидировать	鎮火する	десантник	空中降下隊員

山火事

　森林警備隊は、ブリヤート共和国のトゥンキンスキー国立公園で発生したいくつかの自然火災を消火しています。現地時間 11 時（モスクワ時間 6 時）の時点で、火災の総面積は 88ha、そのうち 36ha が森林に覆われています。 58ha の地域火災は鎮火しましたが、そのうち 12ha は森林です。

　トゥンキンスキー国立公園は、モンゴルとの国境にあるイルクート川の渓谷にあります。公園の面積は約 120 万 ha で、そのほとんどが森林に覆われています。

　この公園からそう遠くない所でも、同様に発火を抑える作業が行なわれています。そこでは、地理条件によって消火が難しくなっています。火は山へと登り、山の斜面は非常に急で傾斜 45 度にもなります。岩だらけの地で、人は手で作業を行っています。

　この地域で自然火災の消火に加わっている人の数は全体として 200 人以上になります。それは、森林警備隊や消防空挺部隊の人たちです。

STEP1

STEP2

STEP3

STEP 2

5 Масленица

Масленица — праздник восточных славян. Он существует на протяжении долгих веков и начинает свою историю с языческих времён. Идёт он в течение недели перед Великим постом, проводится весело и задорно, с большими народными гуляниями, символизируя окончание зимы и приход весны. Постепенно появилась масса традиций и обычаев, а блины стали его главным символом. Масленица является пограничным между зимой и весной, сохраняет черты элементов славянской мифологии, которая сформировалась до крещения Руси.

На Масленицу сжигают чучело. Изначально сжигание чучела у язычников означало обновление, своеобразное очищение и гибель всего нехорошего, а затем и рождение нового. Считалось, что всё плохое оставалось в старом временном отрезке, а хорошее, вместе с весенним Солнцем, оставалось с празднующими. Урожай после сожжения должен был стать хорошим, для этого пепел требовалось развеять по полям.

❺

задорно	情熱的に	чучело	かかし
гуляние	野外での祭	очищение	純化、浄化
блин	ブリヌイ（ロシア風クレープ）	отрезок	一部、限られた部分
Русь	ルーシ（ロシアの古名）	развеять	吹き散らす

5 マースレニツァ

　マースレニツァは、東スラヴ人の祝日です。それは何世紀にもわたって存在し、その歴史は異教時代に始まります。この祝日は、四旬節の前の週に、大規模な大衆的野外祭を行い、陽気で情熱的に祝われ、冬の終わりと春の到来を象徴するものです。徐々に伝統や習慣がたくさん現れましたが、ブリヌイがその主なシンボルとなりました。マースレニツァは冬と春の境界であり、ルーシの洗礼以前に形成されたスラブ神話の要素の特徴がそのまま残っています。

　マースレニツァにはかかしを燃やします。昔から、異教徒にとってかかしを焼くことは、更新、ある種の浄化、全ての悪いものが滅び、その後に何か新しいものが復活することを意味しました。全ての悪いことは昔の時間の中に留まり、良いことは春の太陽とともに祝う者に残り続ける、と考えられていました。燃やした後の収穫は良くなることが約束されていましたが、そのためには灰を畑に吹き散らす必要がありました。

STEP 2

6 Обычаи на новоселье

Первой в дом пускали кошку. Эта традиция добралась и до наших дней, но мало кто знает истоки обряда. Раньше считалось, что человек, который первым вселится в новое жильё, проживёт меньше остальных членов семьи, поэтому часто старики брали на себя проклятие злых духов. Позже обычай сменился — и в дом первой входила кошка, забирая проклятие на себя. Согласно примете, кровать ставили на то место, где уляжется отдыхать кот, ведь было распространено поверье, что животное чувствует в доме место с самой благоприятной энергетикой.

Само празднование новоселья обязательно проводилось именно в день переезда. Приглашённые гости, перед тем как зайти в дом, бросали монетки через порог. Этот обряд символизировал поток денег, который в скором времени придёт в семью. А вот дарить деньги считалось дурной приметой. Лучшим подарком для новосёлов становились предметы быта: деревянная и глиняная посуда, полотенца, постельное бельё.

❻

проклятие	呪い、呪わしいこと
примета	迷信、俗信
улечься	（休息のため）横になる

6 新居祝いの習慣

　最初に家に入れられるのは猫でした。この伝統は私たちの時代まで残っていますが、この儀礼の起源を知っている人はほとんどいません。以前は、新しい家に最初に住むようになった人は家族の誰よりも寿命が短いと考えられていました。そのため、老人たちがしばしば悪霊の呪いを自ら引き受けました。後に、習慣が変わり、呪いを自ら引き受けながら最初に家に入ったのが猫でした。俗信に従って、ベッドは猫が横になって休む場所に置かれました。というのも、この動物が家の中で最も良いエネルギーの湧く場所を感じとるという迷信が広く信じられていたからです。

　新居祝いのお祝い自体は、必ず引っ越しのその日に行われていました。招待客は、家に入る前に、敷居越しにコインを投げました。この儀礼は、間もなく一家にもたらされるたくさんの金の流れを象徴していました。しかし、お金を贈ることは悪しき迷信だと考えられていました。新居に住む人への最高の贈り物は、木製の食器や陶器、タオル、ベッドシーツなどの家庭用品でした。

STEP 2

7 Чукотка

Впервые русские землепроходцы оказались на Чукотке в сороковых годах XVII века. И сразу же русская экспедиция подверглась нападению враждебно настроенных к чужакам чукчей. А казаки убили нескольких чукчей и захватили в плен их женщин. Последовало затяжное сражение, в ходе которого русским пришлось бежать с Чукотки.

В 1727 году на Чукотку отправили большой отряд казаков. Они должны были провести переговоры с главами некоторых племён, но у них ничего не вышло. Началась русско-чукотская война, причём силы были неравны. У чукчей было лишь примитивное оружие: каменные копья и луки, а у русских — огнестрельное оружие. Несмотря на это, чукчи смогли убить много русских воинов. Лишь во время правления Екатерины II удалось осуществить присоединение Чукотки к России. Но военные конфликты на чукотской земле продолжались вплоть до 1920 года.

❼

Чукотка	チュコト半島、チュコト自治管区	чукча	チュクチ人
подвергнуться	～を受ける、被る	захватить	捕まえる
чужак	よそ者	последовать	続く

7 チュコト半島

　ロシアの探検家たちは、17世紀の40年代に初めてチュコト半島に姿を現わしました。そして、すぐさまロシアの探検隊は、よそ者に対する敵意を抱いたチュクチ人に攻撃されました。一方コサックは何人かのチュクチ人を殺し、チュクチ人の女性を捕えました。長期にわたる戦闘が続き、その過程でロシア人はチュコト半島からの敗走を余儀なくされました。

　1727年、コサックの大規模な分遣隊がチュコト半島に送られました。彼らはいくつかの部族の長と交渉することになっていましたが、それは失敗に終わりました。ロシアとチュクチ人の戦争が始まりましたが、兵力は同じではありませんでした。チュクチ人は、石の槍と弓という原始的な武器しか持っていませんでしたが、ロシア人は銃砲を持っていました。それにもかかわらず、チュクチ人は多くのロシア兵を殺害することができました。エカチェリーナ2世の治世半ばになってようやくチュコト半島はロシアに併合されました。しかし、チュクチ人の地における軍事紛争は1920年にいたるまでずっと続きました。

8 Сантехника

Моя сестра собралась сделать ремонт в своей ванной комнате. Прежде чем пригласить бригаду мастеров, она решила посетить магазин сантехники и позвала меня с собой.

В магазине был очень большой выбор. Сияли белизной разнообразные раковины, шкафчики, блестели бесконечные краны, смесители, душевые гарнитуры, полотенцесушители, шланги. Можно было даже растеряться.

Моё внимание привлекли душевые кабины. Они были представлены на любой вкус: высокие, низкие, угловые, с гидромассажем и даже паровые с турецкой баней.

— Не хочешь заменить свою старую ванну? — спросила я сестру. — Сейчас многие устанавливают душевые кабины. Это модно, современно, правда, будет стоить дороже.

— Нет, — решительно возразила сестра. — И дело совсем не в деньгах. Я очень люблю полежать в ванне, отдохнуть, расслабиться. Но ванну я обязательно заменю на новую. Я уже выбрала подходящую и не очень дорогую.

❽

белизна	白さ	шланг	ホース
раковина	洗面台、流し	расслабиться	リラックスする

8 水回り

　姉はバスルームをリフォームしようとしています。職人の作業グループを呼ぶ前に、彼女はホームセンターに行くことに決め、一緒に行こうと私を誘いました。

　その店は品揃えがとても豊富でした。さまざまなシンクや戸棚が白く輝き、多数の蛇口、ミキサー、シャワーセット、タオルウォーマー、ホースが光っていました。どうしたらいいか分からなくなりそうでした。

　私の注意を引いたのはシャワー室でした。それらは、あらゆる好みに合わせて陳列されていました。高い物や低い物、コーナーに置くタイプ、ジェット水流マッサージ、さらにはトルコ式バスでのスチームが付いた物など。

　「古い浴槽を取り換えたくない？」と私は姉に訊きました。「最近、多くの人がシャワー室を設置しているわ。流行りだし、現代的よ、ただ高くはつくけどね」

　「いいえ」と姉ははっきり反論しました。「お金の問題なんかじゃないの。私は浴槽に横になって、休んで、リラックスするのがとても好きなの。でも、浴槽は必ず新しいのに換えるわ。それほど高価ではないちょうどいい物を私はもう選んだの。

STEP 2

9 Русские фамилии

Впервые фамилии появились на Руси примерно в XIII веке у знатных жителей Великого Новгорода. Чуть позже фамилии появляются у представителей именитых родов — князей, бояр. Затем обзавелось фамилиями купечество. И только в XIX веке стали появляться фамилии у крестьян.

Русские фамилии весьма разнообразны. Чаще всего они указывали на принадлежность сына или дочери отцу, и отвечали на вопрос «чей?». При этом за основу могло браться как имя, так и род занятий или прозвище родителя. «Иванов» — сын Ивана, «Кузнецов» — сын кузнеца, «Некрасов» - сын Некраса (прозвище).

Много фамилий происходит от названия местности или народности: Новгородцев, Литвинов, Москвитин. Особую группу составляли фамилии духовенства: Преображенский, Архангельский. Такие фамилии начальство семинарии давало поступавшим студентам. Много русских фамилий имеют иностранное происхождение: западное, например, Лермонтов, Фонвизин; или татарское, например, Карамзин, Юсупов.

❾

именитый	身分の高い
обзавестись	取り揃える、持つ
семинария	神学校

9 ロシアの姓

　13世紀頃ノヴゴロドの高貴な住人たちがルーシで初めて姓を持つようになりました。それより少し後に、公や大貴族など高い身分の代表的人物が姓を持つようになります。その後、商人が姓を取得しました。そしてようやく19世紀になって姓を持ち始めまたのが農民でした。

　ロシアの姓は実に多様です。ほとんどの場合、姓は、息子あるいは娘が父親に属していることを示し、「誰の（息子あるいは娘）ですか？」という質問に答えるものでした。その際、親の名前や職業またはニックネームも姓の基となることがありました。「イワノフ」はイワンの息子、「クズネツォフ」は鍛冶屋の息子、「ネクラソフ」はネクラス（ニックネーム）の息子です。

　地域や民族の名前に由来する次のような姓も多くあります。ノヴゴローツェフ（ノヴゴロド）、リトヴィーノフ（リトアニア）、マスクヴィーチン（モスクワ）。プレオブラジェンスキーやアルハンゲルスキーのように、聖職者の名前から作られた特別なグループもあります。このような名前は、神学校の幹部によって入学してきた学生に与えられました。多くのロシアの家系の名前は外国に由来しています。例えば、西欧起源のものには、レールモントフ、フォンヴィージンなどがあり、タタール起源のものには、例えば、カラムジン、ユスポフなどがあります。

10 Болото

Болота занимают значительную территорию России. Чаще всего болота образуются в низинах со стоячими водоёмами. Озеро или маленькая медленная река постепенно зарастают осокой, мхами. Но этот растительный слой обманчив — можно провалиться и утонуть в трясине.

Болота всегда пугали людей. Считалось, что на болоте живёт нечистая сила. С развитием техники болота начали осушать. Некоторые районы мира утратили почти все свои болота. Но болота играют важную роль в природе.

Болота — огромные природные хранилища пресной воды. Растительный и животный мир болот своеобразен, многие его представители не могут существовать в других условиях.

Среди болотных растений особенно ценится клюква. Эта кислая ягода обладает целебными свойствами и большим запасом витамина С. На болотах растут и другие вкусные северные ягоды: морошка, черника, голубика. На дне болот образуется ценное сырьё — торф.

10

водоём	水域		клюква	ツルコケモモ、クランベリー
осока	スゲ、カヤツリグサ		морошка	クラウドベリー（野生キイチゴの一種）
мох>мхами	苔		черника	コケモモ（ブルーベリーの仲間）
провалиться	落ちる		голубика	ブルーベリー
трясина	沼地、湿地		торф	泥炭

10 沼

　沼はロシアの領土のかなりな部分を占めています。たいてい沼はよどんだ水域の低地にできます。湖や小さなゆっくり流れる川には、次第にスゲやコケが生い茂っていきます。しかし、この植生層は見かけだけのもので、泥沼に落ちて溺れることもあり得ます。

　沼は常に人々を怖がらせてきました。沼には悪魔が住んでいると考えられていました。技術の発展に伴い、沼は干拓されるようになりました。世界には、ほとんど全ての沼が失われた地域があります。しかし、沼は自然界で重要な役割を果たしています。

　沼は淡水の巨大な自然の貯蔵庫です。沼の動植物は独特であり、その代表的なものの多くはほかの条件では存在できません。

　湿地植物の中で、ツルコケモモは特に貴重なものです。この酸っぱい実には薬効があり、大量のビタミンＣが含まれています。沼には、ほかにも、クラウドベリー、コケモモ、ブルーベリーなど、おいしい北の果実が育ちます。沼の底には、貴重な原料である泥炭ができています。

STEP1

STEP2

STEP3

STEP 2

11 День святого Валентина

Масштабно праздновать День всех влюблённых в России начали только в 1990-х годах. Однако ещё в Российской империи отмечали этот традиционный для Европы католический праздник, несмотря на запреты Православной церкви. Особенно популярен он был среди дворян, следующих заграничной моде.

Февраль на Руси традиционно был свадебным месяцем. Молодые женились в так называемый мясоед — период между Рождественским и Великим постами, во время которых венчаться было запрещено. На День святого Трифона девушки гадали, каким будет их жених. Существовало множество народных примет: например, если в этот день над головой девушки пролетит воробей, то она выйдет замуж за бедного, но хорошего парня, а если увидит снегиря, то за человека состоятельного. Также 14 февраля раньше называли «Птичьей свадьбой», потому что считалось, что именно в этот день птицы выбирают себе пару.

гадать	占う	снегирь	ウソ（鳥の種類）
воробей	雀	состоятельный	裕福な、資産のある

11 バレンタインデー

　ロシアでバレンタインデーを大きな規模で祝うようになったのは、ようやく1990年代になってのことです。しかし、正教会の禁止にもかかわらず、すでにロシア帝国において、このヨーロッパの伝統的なカトリックの休日は祝われていました。この祝日は外国の流行を追う貴族の間で特に知られていました。

　ルーシでは2月は伝統的に結婚式の月でした。若者たちは、結婚が禁じられていた降誕斎期と大斎期の間の、いわゆる斎（ものいみ）解禁期に結婚しました。聖トリフォンの日（注：2月14日）に、娘たちはどんな人が花婿になるのか占いました。たくさんの俗信がありました。例えば、スズメがその日に娘の頭の上を飛ぶとその娘は貧しいが善良な男と結婚する、娘がウソという鳥を見ると、裕福な男と結婚する、というような俗信です。またさらに、2月14日は、以前は「鳥の結婚式」と呼ばれていました。ほかならぬこの日に鳥が配偶者を選ぶと信じられていたためです。

12 Магнитные бури

Вспышки на Солнце вызывают магнитные бури на Земле, которые влияют на самочувствие людей. Наиболее остро их влияние ощущают люди с заболеваниями сердечно-сосудистой, нервной и дыхательной системы, опорно-двигательного аппарата, маленькие дети, пожилые люди, беременные женщины.

Самое распространённое недомогание во время магнитной бури — головная боль. Возможны резкие скачки артериального давления, головокружение, учащённое сердцебиение, затрудненное дыхание. Может нарушиться сон, появиться бессонница. В период бури люди становятся рассеянными, раздражительными, тревожными, быстро устают.

Магнитные бури могут вызывать боли в суставах, ломоту в костях. У людей с хроническими заболеваниями возможны обострения недугов. Магнитные бури особо опасны для людей с хронически повышенным или пониженным артериальным давлением, с болезнями сердца. Один учёный говорит, что около 70% гипертонических кризов, инфарктов и инсультов случается именно во время магнитных бурь.

12

вспышка	フレア（太陽の爆発によって生じる閃光）		сустав	関節
опорно-двигательный	筋骨格系の		ломота	鈍痛
недомогание	不快		недуг	病気、疾患
скачок	急変動		гипертонический	高血圧の
артериальный	動脈の		криз	発作

12 磁気嵐

太陽の爆発は地球に磁気嵐を引き起こし、人々の体調に影響を与えます。最も深刻な影響を感じるのは、心臓血管系、神経系、呼吸器系や筋骨格系器官の病気の人、幼い子ども、高齢者、妊娠している人です。

磁気嵐の時に最もよく見うけられる不快症状は頭痛です。血圧の急激な上昇、めまい、頻脈、息切れが発生する可能性があります。睡眠が妨げられ、不眠症が現れることがあります。嵐の間、人々は気が散りイライラし不安になり、すぐに疲れます。

磁気嵐は、関節に痛みを引き起こし、骨に鈍痛を招くことがあります。慢性疾患のある人では、病気が悪化する可能性があります。 磁気嵐は、慢性的な高血圧または低血圧の人や心臓病の人にとって特に危険です。高血圧発作、心臓発作、脳卒中の約70％は、磁気嵐の際に起こっていると言う学者もいます。

STEP1

STEP2

STEP3

13 Кедровые орехи

Кедровые орехи, как ни странно, не являются ни кедровыми, ни орехами, но всё же это название крепко закрепилось за ними. С точки зрения ботаники это семена шишек сибирской сосны.

Назвать это дерево сибирским кедром решил Пётр Первый за его схожесть с ливанским кедром, древесину которого использовали в кораблестроении. Закупать пиломатериалы из настоящего кедра было очень дорого, поэтому царь решил поискать аналогичные деревья в Сибири и нашёл их в виде сибирского кедра (кедровой сосны). С тех пор как это дерево стали именовать кедром, за семенами из его шишек закрепилось название «кедровые».

Эти могучие сибирские деревья вырастают до 50 м и живут до 300 лет и больше. С одного такого «кедра» можно собрать 10 - 12 кг шишек, в каждой из которых содержится до 150 орешков. Одна шишка созревает примерно 15 месяцев. Говорят, что регулярное употребление кедровых орехов полезно для поддержания здоровья сердечно-сосудистой системы, снижения уровня сахара и холестерина в крови.

кедр	杉、（ある種の松）	сосна	松
закрепиться	固定する	древесина	木材
шишка	球果（松かさ、松ぼっくり）	пиломатериалы	（のこぎりでひいた）材木

13 松の実

　杉の実（「松の実」のこと）は、奇妙なことに、杉でも果実でもないのですが、それにもかかわらずこの名前はしっかりと二つの単語と強く結び付いています。植物学の観点からすると、これはシベリア松の球果（松かさ）に付いている種子のことです。

　この木をシベリア杉と名付けたのはピョートル大帝で、造船用の木材として使用されていたレバノン杉と似ていたのでこの名前を付けました。本物の杉の材木を購入するのが非常に高くついたので、ツァーリ（皇帝）はシベリアで同類の木を探すことにし、シベリア杉（シベリア松）という木を見つけたのです。この木が杉と呼ばれるようになったので、その球果に付いている種子にも「杉の」という名前が付けられました。

　この力強いシベリアの木は 50m まで成長し、300 年近く生きます。このような「杉」1 本から、10 〜 12kg の球果が採れ、球果 1 つに最大 150 個の実が含まれています。 球果は約 15 カ月で成熟します。松の実の定期的な摂取は、心臓血管系の健康維持、血糖値と血中コレステロール値の低下といった効能があると言われています。

STEP 2

14 Легенда о красном яйце

После воскресения Иисуса Христа его ученики и последователи начали посещать разные страны, возвещая радостную весть о том, что больше не надо бояться смерти. Христос воскрес и воскресит каждого, кто поверит ему и будет любить людей так же, как любил он.

Последовательница Христа Мария Магдалина пришла к римскому императору Тиберию с благой вестью. По закону, если на приём приходил бедный человек, он должен был пожертвовать хотя бы яйцо. Мария принесла обычное яйцо и, рассказав о Христе, вручила его императору. Тиберий рассмеялся. Он ответил, что как не может яйцо стать красным, так не может умерший воскреснуть. Каково же было его удивление, когда яйцо налилось красным цветом! Увидев чудо, Тиберий поверил Марии.

С тех пор и мы в день Светлого Христова Воскресения дарим друг другу яйца, окрашенные в красный цвет, со словами: «Христос Воскресе!». Принимающий дар отвечает: «Воистину Воскресе!».

⑭

последователь	信奉者、支持者	воскреснуть	復活する、生き返る
рассмеяться	笑い出す、噴き出す	налиться	熟する、いっぱいになる

14 赤い卵の伝説

　イエス・キリストの復活後、彼の弟子と信奉者は、さまざまな国を訪れて、もはや死を恐れる必要がなくなったという嬉しい知らせをひろめるようになりました。キリストは復活し、彼を信じ、彼が愛したように人々を愛するようになる一人ひとりの人を復活させます。

　キリストの信奉者であるマグダラのマリアが、この良い知らせを持ってローマ皇帝ティベリウスの下にやって来ました。法によれば、面会に来る人が貧しい場合でも、その人は少なくとも卵1個を寄進しなければなりませんでした。マリアは普通の卵を持ってきて、キリストについて話をした後、それを皇帝に手渡しました。ティベリウスは声を上げて笑い出しました。彼は、卵が赤くなることができないのと同じように、死んだ人が復活することはありえないと答えました。卵が赤い色に満たされた時の彼の驚きようったらありませんでした！　奇跡を見て、ティベリウスはマリアを信じました。

　それ以来、キリストの聖なる復活の日に、「キリストは蘇り給えり！」という言葉とともに私たちはお互いに赤い色の卵を贈り合うようになりました。贈り物を受け取る人は「まことに蘇り給えり！」と答えます。

STEP 2

15 Плюнь через левое плечо!

«Плюнь через левое плечо!» — такой странный совет может услышать человек, рассказывающий о своих планах, о предстоящем важном деле или экзамене. Плюнуть нужно трижды и ещё при этом постучать по дереву. Левая сторона всегда считалась нечистой, неправедной. В старину думали, что за левым плечом у человека сидит бес. Чтобы оградить себя от его влияния, от неприятностей, на него плевали, отказывались от него. И бес тогда не мог помешать, испортить работу, сорвать планы. Число три всегда считалось священным, поэтому плюнуть нужно три раза. А стучать по дереву нужно было для привлечения добрых духов. Плевать через правое плечо, наоборот, вообще запрещалось, поскольку там находится Ангел-хранитель.

Современные люди не относятся к поверью серьёзно. Пользоваться ли такими народными приметами, каждый решает для себя сам. А для изучения истории, культуры и быта русского народа знание суеверий и примет очень полезно.

⑮

неправедный	罪深い	привлечение	引き寄せること
оградить от ～	～から守る	суеверие	迷信

15 左の肩越しに唾を吐きなさい！

　自分の計画や、間近に迫っている重要な事、試験などについて話していると、「左の肩越しに唾を吐きなさい！」という奇妙な助言を耳にすることがあります。唾は 3 回吐き、さらにその時木を叩く必要があります。左側は常に汚れ、罪深いとみなされていました。昔、人の左肩の後ろには悪魔がいると考えられていました。悪魔の影響や不快なことからから身を守るために、悪魔に唾を吐き、悪魔と縁を切っていたのです。すると、悪魔は仕事を邪魔したり、台無しにしたり、計画を妨害したりすることができませんでした。3 と言う数字は常に聖なるものと考えられていたので、唾は 3 回吐く必要があります。一方、木を叩くことが必要なのは、良い精霊を引き寄せるためでした。右肩越しに唾を吐くことは、逆に厳しく禁止されていました。なぜならそこには守護天使がいるからです。

　今の人たちは迷信を真剣には受け止めていません。そのような民間伝承を使用するかどうかは、誰もが自分のために自分で決めます。しかし、ロシアの人々の歴史、文化、生活の研究には、迷信や民間伝承の知識が非常に役立ちます。

16 Университет

В прошлом году я поступила в государственный университет на исторический факультет. Наш университет небольшой, как и наш город. Всего на 11 факультетах очно или заочно обучаются около 4 000 студентов.

Я с детства увлекалась историей и хорошо сдала выпускные экзамены. Количество баллов, полученных по ЕГЭ (Единый Государственный экзамен), позволило мне поступить на бюджетное место. Это значит, что я учусь бесплатно. Те, кому не хватило баллов, платят за своё обучение.

Мне очень нравится учиться в нашем университете. Лекции читают опытные преподаватели. Среди них есть профессора. Интересно проходят семинарские занятия. У нас есть своя факультетская газета, много спортивных секций и клубов. А я решила присоединиться к отряду волонтёров. В свободное время мы помогаем нуждающимся. На Новый год мы проводили ёлку в детском доме, готовили и раздавали детям подарки. По окончании университета я собираюсь работать в школе учителем истории.

очно < очный	対面で		бюджетный	予算の
балл	点		присоединиться	加わる

16 大学

　昨年、私は国立大学の歴史学部に入学しました。私たちの大学は私たちの町同様小さいです。合計で約 4,000 人の学生が 11 の学部で対面または通信教育で勉強しています。

　子どもの頃から歴史が好きで、修業試験も良い成績で合格しました。統一国家試験で得た点数により、予算枠に入ることができました。これは私が無償で授業を受けることを意味します。得点が不足している人たちは授業料を支払います。

　私は大学で勉強するのがとても好きです。経験豊かな講師陣が講義をしてくれます。その中には教授の先生方もいます。ゼミの授業は面白いです。私たちの大学には自分たちの学部新聞、多くのスポーツ部やクラブがあります。私はというと、ボランティアのグループに参加することにしました。空いている時間に、私たちは困っている人たちを助けます。新年にあたり、児童養護施設でヨールカ祭を行い、子どもたちにプレゼントを用意して配りました。卒業後、私は学校で歴史の先生として働くつもりです。

17 Термальные источники на Камчатке

Термальные источники расположены в долине реки Паратунки, на склоне потухшего вулкана — сопки Горячей, примерно в 20 километрах от посёлка Паратунка. Если вы будете ехать из Петропавловска-Камчатского, то удалённость составит около 70 километров от города.

Термальные источники возвышаются над дном долины реки Паратунки примерно на уровне 70 метров. Чтобы добраться до них, необходимо вскарабкаться по довольно крутому склону сопки Горячей, поросшей пышной растительностью.

Термальные источники в реке представляют собой несколько ручьёв различной температуры. Температура воды колеблется от 39 до 70 градусов. Эти ручьи стекают в небольшие "ванны", расположенные каскадом. Так как "ванны" располагаются в ложбине, то они защищены от ветра. Окунуться в тёплую целебную воду — для всех это наслаждение. При желании можно сесть под струю воды и получить бесплатный гидромассаж.

17

потухший вулкан	休火山	стекать	流れ落ちる
вскарабкаться	よじ登る	каскад	滝
поросший<порасти	(植物に) おおわれる	ложбина	窪地
колебаться	変動する、揺れ動く	окунуться	つかる、ひたる

17 カムチャツカの温泉

　温泉は、パラトゥンカの村から約 20 キロメートルほど行った、パラトゥンカ川の谷、休火山ガリヤチャヤ山の斜面にあります。ペトロパブロフスク・カムチャツキーから車で行くと、町からの距離は約 70 キロメートルです。

　温泉はパラトゥンカ川の谷底からの高さ約 70 メートルの所にあります。そこにたどり着くには、緑豊かな植物が生い茂ったガリヤチャヤ山のかなり急な斜面を登らなければなりません。

　川の中の温泉は、温度の異なるいくつかの水の流れにほかなりません。水温は 39 度から 70 度の間を変動しています。これらの流れは、滝によってできた小さな「浴槽」に流れ込みます。「浴槽」はくぼみにあるので、風から守られています。温かい癒しの水につかるのは、誰にとっても心地の良いものです。お望みとあれば、水の流れの下に腰を下ろして無料のジェットマッサージを受けることができます。

STEP1

STEP2

STEP3

STEP 2

18 Экологические проекты озера Байкал

Ярким примером неравнодушного отношения к Байкалу является проект «Большая Байкальская тропа», волонтёры которого приезжают из разных уголков России и уже более десяти лет создают экологические тропы. Они расчищают и обустраивают маршруты, по которым могут ходить туристы.

Объединение «Заповедное Прибайкалье» приглашает волонтёров в летний лагерь для уборки территории прибайкальского национального парка и Байкало-Ленского заповедника. А проект «Сохраним Байкал» уже шестой год внедряет систему общественного контроля территорий вокруг Байкала, проводит сбор и сортировку мусора. За время работы проекта собрано 700 тонн мусора.

Проблемы Байкала словно индикатор отношения людей к природе в целом. На одной чаше весов экономические потребности, а на другой желание многих людей сохранить природу. Достижим ли компромисс, покажет ближайшее время. Но как бы то ни было, каждый может сделать свой вклад, чтобы склонить чашу весов в сторону сохранения озера Байкал.

18

волонтёр	ボランティア	внедрять	導入する
расчищать	きれいにする、切り開く	весы	秤

18 バイカル湖の自然環境保護プロジェクト

　バイカル湖に対して無関心ではいられないという姿勢をはっきりと示している例は、「大バイカルの道」プロジェクトです。このプロジェクトのボランティアは、ロシアのさまざまな地域からやってきて、すでに 10 年以上にわたって自然にやさしい道を作っています。彼らは観光客が歩くことができるようなルートを切り開き整備しています。

　「バイカル沿岸自然保護地域」協会は、バイカル沿岸国立公園とバイカル（湖）・レナ（川）自然保護区の領域をきれいにするためにサマーキャンプにボランティアを招待しています。また、「バイカル保存」プロジェクトは、バイカル湖周辺領域に公的管理システムを導入し、ごみの収集と分別を行ってすでに 6 年目になります。活動期間中、700 トンのごみが収集されました。

　バイカル湖の問題は、自然全体に対する人々の姿勢を示す指標のようなものです。秤の一方の皿には経済的需要があり、もう一方には自然を保護したいという多くの人々の願いがあります。歩み寄りが実現可能かどうかは、近い将来に分かるでしょう。しかし、それがどうであろうと、バイカル湖保全の方に秤を傾けることに、誰もが寄与することができます。

STEP1

STEP2

STEP3

STEP 2

19 Точки продажи цветов

В Москве накануне 8 марта организовали почти две тысячи дополнительных точек продажи цветов. И всё же букеты чаще покупают на бегу. Тюльпаны и розы, а ещё браконьерскую мимозу и редкие первоцветы сейчас продают прямо у метро.

В преддверии 8 марта одновременно с подснежниками появляются точки несанкционированной торговли цветами. Около метро или в подземных переходах продавцы предлагают широкий ассортимент — вот только документы на товар предоставить не могут. Чтобы пресечь нелегальную торговлю, на столичные улицы вышел цветочный патруль.

— Расскажите, почему Вы купили цветы здесь сейчас, а не в специализированном магазине?

— Потому, что я иду домой, в магазин мне уже заходить некогда, а здесь очень удобно и быстро. Всё!

Главный довод продавцов — у них дешевле. Им не нужно оплачивать аренду помещения, и проходимость больше — товар не залёживается. Вот только за качество и безопасность никто не отвечает.

на бегу	走りながら、大急ぎで	подснежник	マツユキソウ
браконьерский	密猟の、密伐採の	несанкционированный	認可されていない
первоцветы	早春の花々	специализированный	専門化された、専門の

19 花売り場

　モスクワでは、3月8日の前夜約2,000の花売り場を追加整備しました。それにもかかわらず、花束はたびたび飛ぶように売れていきます。チューリップとバラ、それにまだ採集が禁止されているミモザ、珍しい早春の花々までが地下鉄のすぐそばで売られています。

　3月8日が近づくと、マツユキソウとともに、無許可の花売り場が現れます。地下鉄の近くまたは地下道で、売り手は幅広い種類の商品を提供しますが、商品の証明書は提供できません。違法取引を防ぐために花のパトロール隊が首都の通りに出ていきました。

　「すみませんが、専門店ではなく、ここで花を買った理由を教えてくれませんか。」

　「私は家に帰るところで、もう店に立ち寄る時間がないのですが、ここはとても便利で速いです。それだけです！」

　売り手の主な利点は、彼らのものは安いということです。彼らは家賃を払う必要がなく、通行する人の数も多く、商品が傷むことはありません。しかし、品質と安全に対する責任は誰も負ってはいません。

20 Северный Ледовитый океан

Северный Ледовитый океан — уникальный и необычный. Он самый маленький по площади, самый мелкий и самый холодный. Большая его часть покрыта льдами. Он целиком расположен за северным полярным кругом. Арктические области океана похожи на пустыню. Хотя это и есть пустыня, только покрыта она не песком, а льдом и снегом.

Но и в суровой Арктике есть удивительные растения и животные, богатый мир рыб и птиц. Тут живут моржи, белуги, песцы и, конечно, огромные белые медведи. В прибрежной части океана водятся киты.

Северный Ледовитый океан имеет большое стратегическое значение. Через него вдоль берегов России проходит Северный морской путь. Это самый короткий путь из Европы в Японию и Китай. В последние годы в недрах Северного Ледовитого океана были обнаружены огромные запасы нефти и газа.

Освоение Арктики невозможно без мощных атомных ледоколов. У России есть единственный в мире атомный ледокольный флот. Благодаря ему Северный морской путь стало возможно использовать круглый год.

㉓

лёд >льдами	氷	стратегический	戦略的な
Арктика	北極地方	ледокол	砕氷船

20 北極海

　北極海は独特で珍しい海洋です。面積が最も小さく、深さが浅く、最も寒い海です。そのほとんどは氷で覆われています。この海洋は完全に北極圏内にあります。北極海地域は砂漠のようなものです。砂漠ですが、砂ではなく氷と雪に覆われています。

　しかし、過酷な北極地方にも、驚くべき動植物が存在し、魚や鳥の豊かな世界があります。そこには、セイウチ、シロイルカ、ホッキョクギツネ、そしてもちろん、巨大なシロクマが住んでいます。海の沿岸部にはクジラが生息しています。

　北極海は戦略的に非常に重要な意味を持っています。北極海航路は北極海を横切り、ロシアの海岸に沿って通っています。これはヨーロッパから日本と中国への最短ルートです。近年、北極海の海底で膨大な量の石油とガスが発見されています。

　北極圏の開発は、強力な原子力砕氷船なしでは不可能です。ロシアには、世界で唯一の原子力砕氷船団があります。そのおかげで、一年中北極海航路を利用できるようになりました。

STEP1

STEP2

STEP3

STEP 2

21 Лось

Издавна в русских лесах живёт крупный благородный зверь — лось. Наряду с медведем его называют хозяином русского леса. Наши далёкие предки почитали лося. Лось — символ мощи и выносливости. Лось — родственник оленя, но он намного крупнее. Его высота — около двух метров, а вес достигает до 300-500 килограммов.

Гордость и оружие лося — раскидистые рога весом до 20 кг. Рога бывают только у самцов. Каждую осень лось скидывает свои рога, весной рога отрастают снова.

Лось питается травой, листьями, веточками, осенью лакомится ягодами, зимой ему приходится есть кору деревьев, мох. В последнее время численность лосей растёт.

К сожалению, лоси иногда выбегают на оживлённые автодороги, что может окончится трагически как для животного, так и для человека. Поэтому на трассе часто можно встретить специальные предупреждающие знаки «Осторожно, лоси!» Нередки случаи, когда лоси забредают даже в крупные города. Тогда спасатели оказывают им помощь и возвращают обратно в лес.

㉑

выносливость	耐久性	**скидывать**	落とす、脱ぐ
раскидистый	大きく枝を張った、左右に広がった	**лакомиться**	（おいしいものを）食べる
самец	動物のオス	**забредать**	ふらりと迷い込む

21 ヘラジカ

　昔から、ロシアの森には大きな高貴な動物、ヘラジカが住んでいました。クマとともに、ロシアの森の主と言われています。私たちの遠い祖先はヘラジカを崇拝していました。ヘラジカは強さと耐久力の象徴です。ヘラジカは鹿の一種ですが、鹿よりずっと大きいです。体高約2メートル、重さは300～500キログラムに達します。

　ヘラジカの誇りと武器は、重さ20kgにもなる、左右に広がった枝角です。角があるのはオスだけです。毎年秋にヘラジカの角は抜け、春に角はまた生えてきます。

　ヘラジカは草、葉、小枝を食べ、秋にはベリーを食べます。冬には樹皮や苔を食べなければなりません。最近、ヘラジカの数が増えています。

　残念ながら、ヘラジカは車の往来の多い道路に足を踏み入れることがあり、動物と人間の両方にとって悲劇的な結末を迎えることになりかねません。そのため道路には「ヘラジカ、注意！」という特別な警告標識がよく見られます。大きな都市にもヘラジカが迷い込むことがあります。そういう時には、救助隊がヘラジカを助け、森に連れ戻します。

22 Замки влюблённых на мостах

Почти в каждом городе можно встретить мосты, увешанные замками. Их вешают молодожёны в день своей свадьбы как символ вечной любви. Ключи от этих замков выбрасывают в реку. Некоторые считают это древним ритуалом, но на самом деле это не так.

Говорят, что этот обычай появился в 1990-х годах после выхода в свет итальянского романа «Три метра над небом». Герои этой книги таким образом решили показать, что ничто и никто их не может разлучить. История их любви и романтичный обряд понравились читателям, и вскоре по всей Европе влюблённые стали вешать на мостах свои замки.

Обычай распространился и в России. Здесь он стал частью свадебного ритуала. Появились специальные свадебные замки. Их украшают узорами, сердечками, на них гравируют имена молодожёнов и дату свадьбы. Вскоре свадебных замков стало слишком много и городские власти столкнулись с настоящей проблемой. Тысячи замков создают дополнительную нагрузку на конструкции мостов. Замки приходится регулярно спиливать, что вызывает лишние расходы городского бюджета и негодование молодожёнов.

㉒

молодожёны	新婚カップル	сердечко	ハート形の物
обряд	儀式、祭典	спиливать	（鋸で）切り落とす

22 橋に掛けられた恋人たちの南京錠

　ほとんど全ての都市で、南京錠が掛けられた橋を見つけることができます。南京錠は永遠の愛の象徴として結婚式の日に新婚夫婦によって吊るされています。これらの南京錠の鍵は川に投げ込まれます。これを古代の儀式だと考えている人もいますが、実際はそうではありません。

　この習慣が生まれたのは 1990 年代、イタリアの小説『空の上 3 メートル』の出版後のことだと言われています。こんなふうに錠をつるすことで、この本の主人公たちは、何も、誰も彼らを引き離せないことを示すことにしました。彼らの愛のいきさつとロマンチックな儀式が読者の心をつかみました。そしてすぐにヨーロッパ中で、恋人たちは橋に自分たちの南京錠を掛けるようになりました。

　この習慣はロシアにも広がりました。ロシアでこの習慣は結婚式の儀式の一部になりました。特別なウェディング錠が登場しました。南京錠はいろいろな模様やハート形で飾られ、その表面には新婚夫婦の名前や結婚式の日付が刻まれています。やがて結婚式の南京錠がとても多くなり、市当局は深刻な問題に直面しました。大量の南京錠が橋の構造に規定外の負荷をかけます。南京錠は定期的に切り落とす必要があり、そのことが市の予算から余計な出費を引き出し、新婚夫婦からは憤慨を引き起こしています。

STEP 2

23 Почтовые голуби

В России почтовый голубь впервые упоминается в исторических документах в 1854 году, когда князь Голицын с помощью птиц наладил сообщение между своим дворцом и домом за городом. После этого голубей стали использовать в личных целях всё больше русских людей.

Двадцатый век — эпоха мировых вооружённых конфликтов, в которых погибло почти сто миллионов людей. Голуби сыграли большую роль на войне, и многие даже получили награды за большой вклад в дело мира. Теперь мы живём в век инновационных технологий: пишем сообщения в социальных сетях и спустя секунды получаем ответ. Сейчас даже бумажные письма пишутся крайне редко, люди в основном используют электронные письма.

Но у современных средств связи есть и свои недостатки: интернет платный, свет могут выключить, а взломы социальных сетей позволяют мошенникам и недоброжелателям прочитать электронные сообщения. Поэтому голубиную почту, которая активно использовалась в древности и средневековье, но теперь считается устаревшим средством связи, полностью игнорировать не стоит.

упоминаться	言及される	недостаток	欠点、不足
вооружённый	武器を用いた	взлом	不法侵入、ハッキング
инновационный	技術革新の、イノベーションの	мошенник	詐欺師

23 伝書鳩

　ロシアで伝書鳩のことが最初に歴史文書の中で触れられているのは、1854年のことで、この年ゴリツィン侯爵が鳥（鳩）の助けを借りて、彼の宮殿と郊外の家との間で通信を開始しました。その後、ますます多くのロシア人が個人的な目的で鳩を使うようになりました。

　20世紀は世界の武力紛争の時代であり、1億人近くが亡くなりました。鳩は戦争で大きな役割を果たし、その平和への多大な貢献に対して多くの鳩が表彰されました。今、私たちは革新的な科学技術の時代に生きています。ソーシャルネットワークにメッセージを書き込み、数秒後に応答を受け取ります。今では紙の手紙でさえ書かれることが非常に珍しく、人々は主にメールを使用します。

　しかし、現代の通信手段にも欠点があります。インターネットは有料で、電気は切られることがあります。ソーシャルメディアのハッキングで詐欺師や悪意のある人にメールを読まれることも起こり得ます。したがって、古代と中世に活躍した伝書鳩による通信は、時代遅れのコミュニケーション手段と考えられていますが、これを完全に無視しない方がいいでしょう。

STEP 2

24 Амурский тигр

Амурский, или уссурийский, тигр — это один из самых крупных хищных наземных млекопитающих. Его длина от кончика носа до хвоста почти 3 м, хвоста — 1 м, масса 160 - 270 кг (крупнее только медведи Камчатки и Приморья).

Амурский тигр занесён в Красную книгу Международного союза охраны природы, Красную книгу РФ. Он обитает на юго-востоке России, в охраняемой зоне по берегам рек Амур, Уссури в Хабаровском и Приморском краях. Сейчас в России этих зверей осталось около 500 особей.

Питается тигр исключительно животной пищей. Охотится он ночью. Основная добыча — копытные животные: изюбрь (восточноазиатский олень), пятнистый и благородный олени, косуля, лось, кабан. В поисках пищи амурский тигр может пройти 80 - 100 км. Идёт он не спеша, шагом длиной 80 см.

Тигр — один из немногих кошачьих, который любит воду и может без труда переплыть реку. Двухлетние тигры уже способны охотиться самостоятельно. В неволе тигр может прожить до 20 лет, но в природе доживает примерно до 15.

㉔

особь	個体	кошачьи	ネコ科
исключительно	もっぱら	неволя	檻に入れられていること

24 アムールトラ

　アムールトラ、またはウスリートラは、最大の肉食陸上哺乳類の1つです。鼻先から尾までの長さはほぼ3m、尾は1m、体重は160〜270kgです（これより大きいのはカムチャッカと沿海地方の熊だけです）。

　アムールトラは、国際自然保護連合のレッドブック、ロシア連邦のレッドブックに記載されています。ロシア南東部、ハバロフスク地方と沿海地方のアムール川とウスリー川のほとりに沿った保護地域に生息しています。現在ロシアには、この動物が約500頭生き残っています。

　トラが食べるのはもっぱら動物です。トラは夜、狩りをします。主な獲物は有蹄類の動物です。大アカシカ（東アジアの鹿）、ニホンジカやアカシカ、ノロジカ、ヘラジカ、イノシシなどです。食べ物を求めて、アムールトラは80〜100kmを移動することができます。トラは、80cmの歩幅でゆっくりと歩きます。

　トラは水が大好きで、たやすく川を泳いでわたることができる数少ないネコ科の動物の1つです。2歳のトラはすでに自分で狩りをすることができます。トラは、飼育下では20年ほど生きることができますが、野生で生きることができるのは約15年です。

25 Крейсер «Аврора»

Строительство крейсера «Аврора» началось в Петербурге 4 июня 1897 года. Тремя годами позже судно было спущено на воду в присутствии императора Николая II. Крейсер «Аврора» не отличался боевыми качествами. Орудий главного калибра было всего восемь, судно развивало скорость 19 узлов в час, а двигатель достигал мощности 11 тыс. лошадиных сил. Для сравнения — мощность «Титаника» была в пять раз больше. Тогда невозможно было предположить, что «Аврора» станет настоящей легендой. Крейсер совершил своё первое плавание в 1903 году. Боевое крещение состоялось 27 мая 1905 года в Цусимском сражении.

Однако известен крейсер больше не как боевой корабль, а как символ Октябрьской революции 1917 года. 25 октября 1917 года холостой выстрел с судна послужил сигналом к началу штурма Зимнего дворца. Срок службы военных крейсеров — 25 лет. «Аврора» прослужила почти в два раза дольше — 45 лет. Корабль успел принять участие в обороне Кронштадта во время Второй мировой войны. В 1948 году крейсер был отправлен на вечную стоянку. Сейчас на «Авроре» открыт музей, а моряки продолжают проходить службу на судне.

калибр	口径	холостой	空砲の
боевое крещение	初陣	штурм	突撃

25 巡洋艦オーロラ号

　巡洋艦「オーロラ」号の建造は、1897年6月4日にサンクトペテルブルクで始まりました。3年後、皇帝ニコライ2世臨席のもと、船の進水（式）が行われました。巡洋艦オーロラ号は戦闘能力に秀でていたわけではありせんでした。主砲は8門しかなく、船の速度は1時間あたり19ノットで、エンジンの出力は11,000馬力でした。比較するならば、タイタニック号の出力は「オーロラ」号の5倍ありました。その当時、「オーロラ」号が真の伝説的存在になると想像することは不可能でした。この巡洋艦は1903年に最初の航海を行いました。1905年5月27日、日本海海戦がその初陣でした。

　しかし、この巡洋艦は軍艦としてよりも、1917年の10月革命の象徴として知られています。1917年10月25日、船からの空砲が冬宮への攻撃を開始する合図となりました。軍用巡洋艦の寿命は25年です。「オーロラ号」はほぼ2倍の45年間軍務につきました。この船は第二次世界大戦のクロンシュタット防衛にも参加することができました。1948年、この巡洋艦は永遠の碇泊地に送られました。現在、「オーロラ」号には博物館が開設されていて、水兵たちはこの船で任務を続けています。

26 Садко

Садко — легендарный герой русского фольклора. Героями русских былин чаще всего были богатыри, защитники Руси. Но не таков Садко. Он — гусляр, купец, путешественник. Это не удивительно, ведь сказания о Садко сложились в Новгороде, который был крупнейшим торговым центром средневековой Руси.

Бедный новгородец Садко зарабатывал на жизнь игрой на гуслях для богатых купцов на пирах. Однажды ему удалось угодить своим искусством Морскому Царю. С помощью Морского Царя Садко разбогател.

Затем Садко снаряжает корабли и со своей дружиной отправляется в плавание. Отважные путешественники побывали в разных экзотических странах, а самому Садко пришлось даже спуститься в Подводное Царство. Преодолев благодаря смекалке и удачливости все трудности, Садко с дружиной возвращается в родной Новгород. Он понимает, что ничего нет дороже и прекрасней родной земли.

Образ Садко не раз вдохновлял русских художников, композиторов, кинематографистов. Н.А. Римский-Корсаков написал прекрасную оперу «Садко».

㉖

гусляр	グースリ奏者	преодолеть	克服する
снаряжать	装備を整える、旅支度をする	смекалка	機転、ひらめき

26 サトコ

　サトコはロシアの民間伝承の伝説上の英雄です。ロシアの叙事詩の英雄は、た
いてい戦士とルーシの防衛者でした。しかし、サトコはこのような人物ではあり
ません。彼は、グースリ奏者であり、商人であり、旅行者です。サトコの伝説が、
中世ロシア最大の貿易の中心地であったノヴゴロドで生まれたのも不思議なこと
ではありません。

　ノヴゴロドに住む貧しいサトコは、裕福な商人の宴会で演奏して生計を立てて
いました。ある時、サトコは、その演奏で海の王を喜ばせることに成功します。
海の王の助けを借りて、サトコはお金持ちになりました。

　それからサトコは船の支度をして、自分の従士たちを乗せて出航します。勇敢
な旅行者は最もエキゾチックな国に赴き、サトコ自身も水中の王国へ出かけるこ
とになりました。機転と幸運のおかげで全ての困難を克服した後、サトコと彼の
従士たちは生まれ故郷のノヴゴロドに戻りました。彼は、自分の故郷ほど大切で
美しいものはないことを理解します。

　サトコのイメージは、ロシアの画家、作曲家、映画製作者に何度も影響を与え
てきました。リムスキー・コルサコフは優れたオペラ『サトコ』を書きました。

27 Старый Новый год

В день Старого Нового года издревле было принято готовить богатый праздничный стол — гостей угощали мясом, главными блюдами был жареный поросёнок, а также щедрая кутья, в которую добавляли сало, масло или молоко. Также на столе стояли колбасы, вареники, холодец и блины. После застолья люди выходили на улицу и пели песни. Новогодний праздник всегда сопровождался гуляньями и колядованием.

Девушки в праздник гадали на судьбу и женихов, считалось, что гадания в ночь с 13 на 14 января самые правдивые и именно в это время можно увидеть во сне будущего супруга или узнать какую-то информацию о нём, в том числе имя.

После полуночи 14 января наступает Васильев день, праздник земледелия, который связывали с будущим урожаем. Дети ходили к соседям и посыпали их дома зерном. Люди верили, что такой обряд привлечёт хороший достаток и урожай.

Современный Старый Новый год принято праздновать так же, как новогоднюю ночь. Считается, в Старый Новый год нужно успеть то, что не получилось осуществить 1 января.

поросёнок	子豚	застолье	（祝祭日の）食卓、ごちそう
щедрый	豪華な	колядование	クリスマスや新年に歌を歌いながら家々を回ること
кутья	（干しブドウ入りの）粥		
вареник	ヴァレーニキ（小さなピロシキの一種）	гадать	占う
холодец	煮こごり	жених	花婿、婚約者

27 旧正月

　大昔から旧正月の日には豪華ではなやいだ食卓を準備することになっています。来訪者は肉でもてなします。主な料理は焼いた子豚と、豚の脂身、バター、それにミルクが加えられた豪華なお粥でした。食卓には、ソーセージ、ヴァレーニキ、煮こごり、それにブリヌイ（パンケーキ）も並びました。ごちそうが終わると、人々は外に出て歌を歌いました。新年のお祭りには、屋外での行楽や歌いながら家々を歩いて回るのがつきものでした。

　若い女の子たちはこの祝日に運命や求婚者のことを占いました。占いは1月13日から14日にかけての夜半に行なうのが最も真実を伝えるものと信じられていました。夢の中で将来の配偶者に会うことができたり、名前を含むその人物の情報が得られたりするのもほかならぬこの時でした。

　1月14日の真夜中を過ぎると、ヴァシリーの日がやってきます。この日はこの先の収穫に関わる農業の祝日です。子どもたちは隣人の所へ行き、家に穀物をばらまきます。人々はこのような儀式がたくさんの富と収穫を引き寄せると信じていました。

　現代の旧正月は大晦日と同じように祝います。旧正月には1月1日にはできなかったことを実行する必要があると考えられています。

28 Икона в доме

В любой православной семье на самом видном месте есть полочка с иконами или даже целый домашний иконостас. Наши предки выбирали для икон восточный угол дома и называли его красным.

Иконы были семейной реликвией и передавались из поколения в поколение. Образами родители благословляли детей на учёбу, в долгое путешествие, а также давая согласие на брак. Стыдно считалось вести себя недостойно в присутствии святых изображений.

Но в первую очередь домашняя икона предназначена для молитвы. Образа называют окнами в Божий мир. В современных квартирах не всегда удаётся расположить иконы именно на восточной стороне. Тогда можно выбрать другое место, удобное для молитвы.

Иконы не должны соседствовать с другими изображениями, бытовой техникой, нерелигиозными книгами. В домашнем иконостасе обычно есть образ Спасителя Иисуса Христа, Божией Матери, могут быть и иконы святых покровителей, имена которых носят члены семьи, или других особо почитаемых святых, например, святителя Николая.

иконостас	イコノスタス、聖障	образ	イコン、聖像
реликвия	聖遺物	благословлять	祝福する

28 家庭のイコン

　正教徒の家庭には、最も目立つ場所に、イコンを並べた棚、あるいは家庭用の
イコンの壁一式があります。私たちの祖先は家の東の角をイコンのために選び、
それを赤い角と呼び（大切な場所としてい）ました。

　イコンは家庭における聖遺物であり、世代から世代へと受け継がれてきました。
子の学業成就、長い旅の安全を願い、そしてまた婚姻に同意を与える時に、親は
イコンによって彼らを祝福しました。聖なる像の前でふさわしくない振る舞いを
するのは恥ずべきことだと考えられていました。

　しかし、家庭のイコンは何よりもまず祈りのためのものです。イコンは、神の
世界への窓と呼ばれています。現代の家では、東側にイコンを置くことができる
とは限りません。その場合、祈りにふさわしい別の場所を選んでもかまいません。

　イコンは、ほかの造形物、家電製品、非宗教的な本などのそばに置いてはなり
ません。家の聖壁には通常、救い主イエス・キリストや生神女マリアのイコンが
あります。また、家族の名前を付けるもとになった守護聖人たちのイコン、ある
いは聖ニコラスなどのほかの特に尊敬されている聖人のイコンを目にすることも
あります。

29 Сталинские высотки

Высотные здания, появившиеся в Москве в середине XX века, давно стали одним из главных символов российской столицы. Они были построены по личному приказу И.В.Сталина, поэтому в народе их стали называть «сталинскими высотками».

Грандиозные сооружения были заложены одновременно в разных районах Москвы 7 сентября 1947 года, когда отмечалось 800-летие города. Всего было построено 7 таких зданий.

Это был очень сложный и дерзкий проект. Всего два года прошло после Великой Отечественной войны, принёсшей советской стране неимоверные потери и разрушения. В СССР тогда не было опыта возведения высотных зданий. Для подобного строительства в центре огромного города, рядом с действующим метро, потребовались смелые технические решения.

Все высотки похожи. Но в то же время каждая из них особенная и вписывается в окружающий архитектурный ансамбль. Сталинские высотки стали украшением Москвы. Они подарили городу новый неповторимый и узнаваемый облик.

Самые известные высотки — здание Министерства иностранных дел на Смоленской площади и, конечно, здание Московского университета на Ленинских (ныне Воробьёвых) горах. Главное здание Московского университета насчитывает 32 этажа, его высота вместе со шпилем — 240 м. Это самая высокая из сталинских высоток.

сооружение	建造物、施設	неимоверный	信じられないほどの
заложены<заложить	起工する	вписываться	(周囲に）溶け込む
дерзкий	大胆な、不的な	шпиль	尖塔

29 スターリン様式の高層建築

　20世紀半ばにモスクワに出現した高層建築は、長い間ロシアの首都の主要なシンボルの1つになっています。それらはI・V・スターリン本人の命令によって建てられたので、人々はそれらを「スターリン様式の高層建築」と呼ぶようになりました。

　壮大な建造物は、モスクワの800周年が祝われた1947年9月7日に町のさまざまな地区で同時に起工されました。これらの建築物は全部で7棟建てられました。

　それは非常に困難で大胆な計画でした。ソビエト国家に信じられないほどの損失と破壊をもたらした大祖国戦争からわずか2年しか経っていませんでした。当時、ソ連では高層建築の建設経験はありませんでした。地下鉄がすぐそばを走っている、大都市の中心部でこのような建設を行うには、大胆な技術的工夫が必要でした。

　高層建築はどれも似ています。しかし同時に、それら一つひとつがどれもほかとは違っており、周囲の建築物に調和しています。スターリン様式の高層建築はモスクワを飾る装飾品になっています。この建築物は町に新しい、独特のはっきりと分かる姿をもたらしました。

　最も有名な高層建築は、スモレンスカヤ広場にある外務省の建物と、もちろん、レーニン丘（現在の雀が丘）にあるモスクワ大学の建物です。モスクワ大学の本館は32階建てで、尖塔を含めた高さは240mです。これは、スターリン様式の高層建築の中で最も高いものです。

30 Платок

История ношения платка, квадратного или треугольного куска ткани, берёт начало в глубокой древности. У самых разных народов были свои традиции ношения платка.

На Руси платок всегда был важной частью женской одежды. В православии покрытая голова у женщин является символом благородства, целомудрия и смирения перед мужем. До сих пор верующие женщины при посещении храма покрывают голову платком.

В древности появиться на людях с непокрытой головой считалось позором для женщины. Молодым девушкам позволялось показать свои волосы, только не распущенные, а непременно заплетённые в косу. После замужества женщины должны были полностью покрывать волосы.

Платок был призван не только скрывать женскую красоту, но и показывал достаток и социальный статус своей владелицы. Богатые платки делали из дорогих тканей, расшивали драгоценными камнями. Зимой носили тёплый шерстяной платок, он защищал от холода. Большие красивые платки называли шалями, их накидывали на плечи для красоты. Были и маленькие треугольные платки — косынки.

Современные женщины свободны от религиозных запретов и предрассудков. Однако платки не выходят из моды. Женщины охотно носят разнообразные платки, косынки и шали, придавая своему образу особый шарм. Не теряют популярности и традиционные платки: цветные, узорчатые платки из Павлово-Посада или роскошные оренбургские платки из козьего пуха с шелковой нитью.

православие	正教	косынка	カスィンカ、スカーフ
целомудрие	純潔、貞節	шарм	魅力、魅惑
шаль	ショール	узорчатый	模様のある

30 プラトーク

　正方形または三角形の生地の一部であるプラトークを身に着けた歴史は、遠い古代に始まります。ありとあらゆる民族がプラトーク着用の独自の伝統を持っていました。

　ルーシでは、プラトークは常に婦人服の重要な一部でした。正教では、女性の頭を覆うことは、夫に対する高潔、貞節、従順の象徴です。今でも、女性の信者が寺院を訪れる時は、頭をスカーフで覆います。

　昔、女性が頭を覆わないで人前に出るのは恥ずべきことだと考えられていました。若い女性は、髪を見せることが許されていましたが、それもほどいた髪ではなく、必ずおさげに編んだものでなければなりませんでした。結婚後女性は髪を完全に覆わなければなりませんでした。

　プラトークは、女性の美しさを隠すだけでなく、その所有者の富と社会的地位を示す役割も果たしていました。豪華なプラトークは高価な生地で作られており、宝石が散りばめられていました。冬には暖かいウールのプラトークを着用し、そのプラトークが寒さから守ってくれました。大きくて美しいものはショールと呼ばれ、美しく見せるために肩にかけられました。カスィンカと呼ばれる小さな三角形のプラトークもありました。

　現代の女性は、宗教上の禁止や偏見にとらわれてはいません。しかし、プラトークは流行遅れにはなりません。女性はさまざまなプラトーク、カスィンカ、ショールを身にまとい、自分の姿に特別な魅力を添えています。伝統的なショールも人気を失うことはありません。色と模様が鮮やかなパヴロヴォ・ポサドのプラトーク、あるいは山羊の綿毛と絹糸で作られた豪華なオレンブルクのショールなどの伝統的なプラトークも人気の衰えることがありません。

ロシア語になった日本語

■■■■■■■■

ロシア語になった日本語には、次のようなものがあります。

武士道	**бусидо**
芸者	**гейша**
イワシ	**иваси**
生け花	икебана
エンジン付小型船	**кавасаки**

カミカゼ	камикадзе
着物	**кимоно**
侍	самурай
津波	**цунами**
腹切り	харакири

　これらの単語の多くは、ほかの外国語でも日本語起源の外来語とされているものです。　面白いのは кавасаки で、もともと沿海漁業用の船を指していましたが、今日、ロシアの検索サイトを見ると、「船」の意味よりも、バイクメーカー「カワサキ」や「川崎病」が先に出てきます。時代とともに、単語が表す内容が変わっているのです。

　ロシアの人たちは、日本の文化や出来事に強い関心をもっています。「たまごっち」(тамагочи) や「ポケモン」(покемон) などは、ほとんど日本と同じ時期に紹介されましたし、「漫画」(манга) も書店の一コーナーを占めるほどです。日本のアニメの影響か、「忍者」(ниндзя) も、子どもたちによく知られています。

　日本食ブームによって、「寿司」(суси,суши)、「わさび」(васаби)、「焼き鳥」(якитори)、「大根」(дайкон)、「豆腐」(тофу)、「酒」(саке)、なども浸透してきています。( ) で表した単語には、ロシア語表記に揺れがあり、この先どの単語が時代を超えて生き残るかは、これもまだ分かりません。

STEP 3

ステップアップ

STEP 3

1 Стенька Разин

Каждый русский с детства знает песню о казачьем атамане Стеньке Разине и о том, как он бросил в Волгу пленную персидскую княжну. Это скорее всего миф, неправда.

Реальный Степан Тимофеевич Разин жил в XVII веке. В то время в России окончательно установилось крепостное право. Недовольные крестьяне поднимали восстания, многие в поисках вольной жизни бежали на окраины страны и становились казаками. Казаки были воинами, их отряды совершали набеги на соседние страны, шли разведывать новые земли, впоследствии они служили царю, охраняя границы.

Степан Разин был умным удачливым полководцем, яркой и сильной личностью. Он объединил казаков в большое войско и возглавил поход в Персию, откуда казаки вернулись с победой и богатой добычей. После этого Степан Разин объявил поход на Москву. Целью он провозгласил борьбу с царём и боярами, закабалившими народ.

Степан Разин обратился к крестьянам: «Я пришёл дать вам свободу». Началась настоящая крестьянская война. Под знамёнами Степана Разина собралось до 200 тысяч человек. С большим трудом, используя предателей, правительственному войску удалось подавить восстание. Степан Разин был схвачен и жестоко казнён в Москве. Но рассказы, песни об удалом атамане, который хотел дать людям волю, передаются из поколения в поколение.

❶

окраина	辺境	боярин	大貴族
казак	コサック	закабалить	隷属させる、奴隷にする
набег	襲撃、侵入	подавить	鎮圧する
разведывать	探査する、偵察する	схватить	捕らえられる、つかむ
полководец	司令官	казнить	処刑する、死刑にする
провозгласить	宣言する	атаман	コサックの長、頭領

1 スチェンカ・ラージン

　コサックの頭領スチェンカ・ラージンと、彼が捕らわれの身のペルシャの王女をヴォルガ川に投げ込んだことを歌った歌を、ロシア人なら誰でも子どもの頃から知っています。これはおそらく神話であり、真実ではありません。

　本物のスチェパン・チモフェーヴィチ・ラージンは 17 世紀に生きた人でした。その頃ロシアでは農奴制が最終的に確立されました。不満を持った農民たちは反乱を起こし、自由な生活を求めて多くの人が国の辺境へと逃げ、コサックになりました。コサックは戦士であり、彼らの部隊は近隣諸国を襲撃し、新しい土地を探索に行き、その後彼らは国境を守って皇帝（ツァーリ）に仕えました。

　スチェパン・ラージンは賢くて運の強い司令官であり、意志の強い、並外れた人でした。彼はコサックを大きな軍隊に統合し、ペルシャへの遠征を指揮しました。コサックたちは勝利と豊かな戦利品を持ってこの遠征から戻ってきました。その後、スチェパン・ラージンはモスクワへの遠征を発表しました。彼は人々を隷属させていた皇帝と大貴族と闘うという目的を宣言しました。

　スチェパン・ラージンは農民に「私はあなたがたに自由を与えるために来ました」と話しました。本格的な農民戦争が始まりました。スチェパン・ラージンの旗の下におよそ 20 万人が集まりました。非常に困難な状況の中で、政府軍は裏切り者を使って蜂起をなんとか鎮圧しました。スチェパン・ラージンは捕らえられ、モスクワで残酷な処刑を受けました。しかし、人々に自由を与えたいと願った勇敢なコサックの頭領についての物語や歌は世代から世代へと受け継がれています。

2 Кириллица

24 мая в России отмечается день славянской письменности и культуры. Этот день выбран не случайно. Именно в этот день православная церковь чтит память двух братьев Кирилла и Мефодия. Они жили в Византии в IX веке. В их родном городе Солуни (современные Салоники) в те времена жило много славян. Некоторые исследователи настаивают на славянском происхождении братьев, хотя точно это установить невозможно. Несомненно только, что Кирилл и Мефодий хорошо знали славянские языки. Они получили прекрасное образование.

Когда правитель одного из славянских княжеств попросил византийского императора послать христианских проповедников, выбор пал именно на Кирилла и Мефодия. Вся их дальнейшая жизнь была посвящена нелёгкой, полной трудов и опасностей миссионерской деятельности. Для успешной проповеди христианства среди славян Кирилл с помощью брата создал славянскую письменность и перевёл с греческого священные христианские тексты.

Дело Кирилла и Мефодия продолжили их ученики. Созданная в результате письменность получила название «кириллица» по имени Кирилла. Вначале кириллица была распространена в Болгарии, Сербии, а потом, уже в X веке, и в Киевской Руси. Современный русский алфавит и система письменности составлены на основе кириллицы.

Трудами святых Кирилла и Мефодия у славян появился не только свой, славянский, алфавит, но и родился первый славянский литературный язык, многие слова которого до сих пор живут в болгарском, русском, украинском и других славянских языках.

письменность	文字（体系）
чтить память	追悼する

настаивать	主張する
проповедник	伝道者、説教者

2 キリル文字

　5月24日はロシアではスラブ文字と文化の日です。この日が選ばれたのには理由があります。正教会はほかならぬこの日にキリルとメトディウス、2人の兄弟の追悼を行います。彼らは9世紀にビザンチンに住んでいました。彼らの故郷であるソルン（現代のテッサロニキ）には、当時多くのスラブ人が住んでいました。正確に立証することはできませんが、一部の研究者は兄弟のスラブ起源を主張しています。はっきりしているのは、キリルとメトディウスがスラブ諸語をよく知っていたことだけです。彼らは素晴らしい教育を受けました。

　あるスラブ公国の統治者がビザンツ帝国のにキリスト教の伝道者を送るように頼んだ時、白羽の矢が立ったのがキリルとメトディウスでした。その後の彼らの生涯は、苦労と危険に満ちた、容易ならざる宣教活動に捧げられました。スラブ人へのキリスト教布教を成功させるために、キリルは彼の兄の助力も得て、スラブ文字を作成し、神聖なキリスト教の聖書の原文をギリシャ語から翻訳しました。

　キリルとメトディウスの仕事は彼らの弟子たちによって続けられました。その結果作り出された文字は、キリルの名前をとってキリル文字と名付けられました。この文字は、まずブルガリア、セルビア、そしてその後、すでに10世紀にはキエフ大公国にも広まりました。現代ロシア語のアルファベットと文字体系は、キリル文字に基づいています。

　聖キリルとメトディウスの働きにより、スラブ人に独自のスラブ語のアルファベットが現れただけでなく、最初のスラブ語の文語が生まれました。その多くの単語は、ブルガリア語、ロシア語、ウクライナ語、その他のスラブ語で今も生きています。

3 Жизнь на Руси

На Руси основными были такие занятия, как землепашество и скотоводство. Люди селились вдоль рек, где имелись плодородные земли. В южных регионах развилось переложное земледелие. При этом способе обработки земли распахивался один участок, затем эксплуатировался 3-4 года, после чего ему давали отдыхать и распахивали следующий. В лесных областях использовалось подсечное земледелие. Деревья вырубались, после чего площадь выжигалась. Зола удобряла землю, что повышало урожайность.

Древние славяне выращивали рожь, пшеницу, гречиху, ячмень. Также возделывались конопля, лён. Было распространено овощеводство. Повсеместно выращивали капусту, репу, топинамбур, свёклу, морковь. Археологические находки говорят о том, что в Средневековье славяне разводили коров, лошадей, свиней, держали гусей, кур, уток.

Территорию Древней Руси во множестве занимали реки, озёра, леса. В те времена растительный и животный мир пребывал в изобилии. Это давало возможность заниматься охотой, рыболовством. В северных регионах охотились на пушных зверей: соболей, куниц, лисиц, песцов. Широко была распространена торговля мехами. Городская знать одевалась в собольи шубы. Деревенские жители зимой носили шубы из медвежьих, волчьих, лисьих шкур. Из меха шили одеяла, им оторачивали предметы одежды.

В Средние века на Руси была хорошо развита ярмарочная торговля. Места сбыта товаров создавались в городах, крупных деревнях. Это способствовало поднятию экономики, развитию ремёсел. Была распространена меновая и денежная торговля. Русские купцы возили свои товары в Константинополь, а оттуда поставляли шёлк, оружие, пряности, драгоценные камни, стеклянные изделия.

землепашество	農耕、農業	распахивать	耕す、開墾する
скотоводство	畜産、畜産業	подсечный	（耕地にするために行う）伐採の

3 ルーシの暮らし

　昔のロシアでは、農耕や畜産の仕事が主流でした。人々は肥沃な土地があった川沿いに定住しました。南部の地域では移動式農業が発展しました。この耕作方法では、ひとつの区画を耕し、3〜4年間開発利用した後休ませて次の区画を耕しました。森林地帯では焼畑農業が行なわれていました。木々が伐採され、その後土地が焼かれました。灰が土地を肥やし、そのことが収穫高を上げました。

　古代スラブ人はライ麦、小麦、そば、大麦を栽培していました。麻や亜麻も同様に栽培されていました。野菜栽培が広まりました。キャベツ、カブ、キクイモ、ビート、ニンジンは至る所で栽培されていました。考古学上の発見は、中世にスラブ人が牛、馬、豚を飼育し、ガチョウ、鶏、アヒルを飼っていたことを物語っています。

　古代ロシアの領土は、たくさんの川、湖、森で占められていました。当時は動物や植物がとても豊かでした。そのため、狩猟や釣りをすることが可能になりました。北部地域では、クロテン、テン、キツネ、北極ギツネなどの毛皮を持った動物が狩猟の対象となりました。毛皮貿易が広まりました。都会の貴族たちは、クロテンの毛皮のコートをまといました。村の住人たちは冬になるとクマ、オオカミ、キツネの皮で作られた毛皮のコートを着ました。毛皮から毛布が縫われたり、毛皮で衣服の縁取りが行われました。

　中世のロシアでは市での売買が盛んでした。商品販売の場所が、都市や大きな村に設けられました。これは、経済の台頭、手工業の発展を促しました。商品の交換やお金の取引が広まりました。ロシアの商人たちは商品をコンスタンティノープルに持ち込み、そこから絹、武器、香辛料、宝石、ガラス製品を調達しました。

STEP 3

4 Хрущёвка

К концу 1950-х годов в СССР всё сильнее ощущалась нехватка жилья. Страна восстанавливала разрушенное войной, экономика развивалась, население росло. Энтузиазм простых советских людей, вера в светлое будущее и скорую победу коммунизма были на подъёме. Но не соответствовали этому бытовые условия. Многие люди продолжали жить в тесноте, по нескольку семей в одной квартире с общей кухней.

Правительство СССР приняло государственную программу доступного жилья. Нужно было в самый короткий срок обеспечить миллионы семей отдельными квартирами. Было решено возводить многоэтажные дома из готовых железобетонных блоков.

Получалось экономично и очень быстро. Во всех городах Советского Союза в 60-70 годы, как грибы после дождя, стали расти однотипные панельные дома: внешне некрасивые пятиэтажные прямоугольники без архитектурных украшений. Внутри квартир тоже не было ничего лишнего: комнаты небольшие, часто смежные, низкие потолки, крохотная кухня, маленькая прихожая, где с трудом поместятся 2 человека, совмещённый санузел, плохая звукоизоляция.

Позднее такие дома и квартиры в них стали несколько презрительно называть «хрущёвками» по имени Хрущёва, который был главой советского государства в конце 50-х-начале 60-х годов. Однако быстрое строительство позволило миллионам советских людей в короткий срок получить отдельные квартиры с водопроводом, центральным отоплением и другими удобствами. Люди были счастливы, переселяясь из бараков в отдельные квартиры. Кстати, тогда они получали квартиры от государства совершенно бесплатно.

❹

смежный	隣接している
крохотный	とても小さい
санузел	浴室・洗面台・トイレの3点ユニット

звукоизоляция	防音
барак	（ここでは，戦中戦後に建てられた）質の悪い住宅

4 フルシチョフカ

1950年代の終わり頃、ソ連では住宅不足がますます深刻になっていました。国は戦争によって破壊されたものを再建し、経済は発展し、人口は増加しました。ソビエトの普通の人々の熱意、明るい未来と共産主義の早期の勝利への確信が高まっていました。しかし、生活条件はこれに対応していませんでした。多くの人々が住み続けていたのは、共同使用の台所が1つの居住区画にいくつかの家族が住む、狭くて窮屈な所でした。

ソ連政府は、手頃な価格の住宅のための国家計画を採択しました。できるだけ短期間に、何百万もの家族にそれぞれ独立した居住区画を提供することが必要でした。鉄筋コンクリートのプレハブユニットにより多層階建築物を建てることが決定されました。

経済負担を抑え、非常に迅速に建設が行われました。雨後の筍のように、60〜70年代のソビエト連邦の全ての都市で、同じタイプのパネル工法による住宅が増え始めました。それは、外見上は不格好な、建築装飾のない5階建ての長方形をしていました。内部にも余分な物は何もありません。どの部屋も小さく、たいてい隣り合っていて、天井は低く、台所はとても小さい。やっと2人の人間がいられるほどの小さな玄関口。浴室・洗面台・トイレの3点ユニット。防音は不十分です。

後に、このような建物や居住区画は、50年代後半から60年代前半にソビエト国家の長を務めたフルシチョフにちなんで、やや侮蔑的に「フルシチョフカ」と呼ばれるようになりました。けれども、急速な建設により、ソビエトの非常に多くの人々が、水道、セントラルヒーティング、その他の設備を備えた個別のアパートを短期間のうちに手に入れることができました。人々は質の悪い建物から個別の居住区画に移ることを喜んでいました。ちなみに、当時人々は国から無料で住宅を受け取っていました。

STEP 3

5 Аниме в России

Для большинства россиян знакомство с аниме началось с сериала «Сейлор Мун: Луна в матроске», впервые показанного на телевидении в 1996-97 гг., с того самого, в котором крупноглазые девушки в миниюбках спасали мир от вселенского зла.

До этого в России ещё не демонстрировались анимационные сериалы, рассчитанные исключительно на подростков, а не на публику в возрасте от 0 до бесконечности. И массовый российский зритель просто не ожидал увидеть на голубом экране раскрытие взаимоотношений полов вместо весёлых приключений друзей. К тому же, в отличие от большинства западных стран, в России аниме практически не цензурируется, что увеличивает интерес подростковой публики.

Вдобавок сериал рассчитан на то, что его начнут смотреть дети в возрасте 12-13 лет как истории о приключениях друзей, и к их 17-18 годам сериал, набрав обороты сюжетной линии и сложности взаимоотношений, закончится. Аниме состоит из 200 серий, демонстрировавшихся в Японии с марта 1992 по февраль 1997 на ТВ каждую субботу в праймтайм.

В России же прокатчики не учли задумку авторов, и показ сериала шёл практически каждый день. В результате дети увидели «сложность отношений» раньше положенного, это и породило множество отрицательных эмоций у старшего поколения. Причины неприязни к данному аниме не в его качестве или непродуманной сюжетной линии, а в неверном восприятии.

Начиная с 2000 г. на российском телевидении демонстрировался известный детский аниме-сериал «Покемон». До этого времени термин «аниме» использовался редко, произведения обозначались просто как «японские мультфильмы». Показ этого сериала вызвал большой отклик в прессе. В том же году проводился первый в России аниме-фестиваль.

❺

голубой экран	テレビ
приключенияе	冒険、思いもよらない出来事

прокатчик	配信者、配給会社
неприязнь	反感、敵意

5 ロシアのアニメ

　多くのロシア人がアニメと出会ったのは、1996 ～ 97 年にテレビで最初に放映された「美少女戦士セーラームーン」シリーズ、ミニスカートの大きな目の女の子が世界を宇宙の悪から救う、ほかならぬこのシリーズが最初でした。

　それまでは、ロシアでは年齢不問の視聴者向けではなく、特別に 10 代の若者向けに作られたアニメシリーズはまだ放映されたことはありませんでした。そして、ロシアの一般視聴者は、登場人物たちが繰り広げる楽しい冒険の代わりに、男女や同性間の関係の開放的な表現をテレビで見ることになるとは思ってもみませんでした。おまけに、ロシアでは、多くの西側諸国とは異なり、実質的に検閲がなされておらず、そのことが 10 代の若者の関心を高めました。

　さらに、このシリーズは、登場人物たちの冒険物語として、12・13 歳の子どもたちが見始め、話の筋の流れと相互関係の複雑さが加速化して、彼らが 17・18 歳になる頃に終了するように作られていました。このアニメは、1992 年 3 月から 1997 年 2 月まで日本で毎週土曜日のゴールデンタイムに放映された全 200 話で構成されています。

　ロシアでは、配信者（配給会社）は作者の考えを考慮せず、シリーズをほぼ毎日放送しました。その結果、子どもたちは（作者によって）定められた時間（年齢）よりも早く「人間関係の複雑さ」を見ることになり、それが年長世代の間に多くの否定的な感情を引き起こしました。このアニメに対する反感の理由は、その作品の質やよく練られていない筋の流れにではなく、誤った理解にあります。

　2000 年以来、有名な子ども向けアニメシリーズの「ポケモン」がロシアのテレビで放映されました。それまでは「アニメ」という用語はほとんど使われず、作品は単に「日本の動画」と呼ばれていました。このシリーズの放映は新聞・雑誌で大きな反響を呼びました。同じ年にロシアで最初のアニメフェスティバルが開催されました。

STEP 3

6 Скорая помощь

Современный мир невозможно представить без такой важной службы, как скорая медицинская помощь. Ежедневно её сотрудники спасают сотни тысяч человеческих жизней.

В России служба скорой помощи появилась в конце XIX века. Сейчас уже трудно представить, что московская скорая помощь начинала свою работу всего с трёх карет. В наше время в Москве ежедневно работают 1 040 бригад скорой помощи. Всего на московской станции скорой и неотложной помощи работает около 11 тысяч сотрудников. В день совершается 11-15 тысяч выездов (более 5 миллионов в год). Постоянно дежурят три вертолёта санитарной авиации, полностью оснащённых необходимой медицинской аппаратурой.

В состав бригады скорой помощи входят три человека: врач, фельдшер или медицинская сестра, санитар. Важна роль и водителя машины скорой помощи: он должен в кратчайший срок доставить пострадавшего человека в больницу. Существуют специализированные бригады. Важнейшие из них — реанимационные — выезжают в крайне тяжёлых случаях, когда есть угроза жизни.

Вызвать скорую помощь в Москве можно по телефону 103 или 112. Скорая помощь работает круглосуточно. Врач скорой помощи — это тяжёлая и ответственная работа, которая под силу далеко не каждому. Постоянные ночные дежурства, необходимость принимать жизненно важные решения за считанные секунды, справляться с конфликтными ситуациями, работать в экстремальных условиях — всё это делает профессию врача скорой помощи необыкновенно трудной. Но в то же время это очень нужная и благородная работа.

карета	ばね付き４輪箱馬車	санитар	（病院の）看護員
оснастить	装備する	реанимационный	救急蘇生の
фельдшер	準医師	считанный	ほんのわずかの、数えるほどの

6 救急車

　緊急医療のような重要な業務を抜きにして、現代の世界を想像することはできません。救急医療で働く人たちは、毎日数十万人の命を救っています。

　ロシアで救急班が登場したのは、19世紀末でした。今では、モスクワの救急医療がたった3台の馬車からはじまったことを想像するのは困難です。現在、モスクワでは1,040の救急医療チームが毎日働いています。合計で約11,000人の職員が救急緊急ステーションで働いています。1日あたり1万1千回から1万5千回（年間500万回以上）の出動があります。必要な医療機器を完備した3機の救急ヘリコプターが常時待機しています。

　救急医療チームは、医師、準医師または看護師、救急隊員の3人で構成されています。救急車の運転手の役割も重要です。彼は負傷者を最短時間で病院に運ばなければなりません。専門チームもあります。その中で最も重要なのは、蘇生チームで、生命に危険が及ぶ非常に困難な場合に出動します。

　モスクワで救急車を呼ぶには、103または112に電話します。救急車は24時間待機しています。救急車の医者は、誰もができるわけではない、厳しくて責任のある仕事です。絶え間ない夜勤、数秒で生命に関わる重要な決定を下し、迫ってくる状況に対処し、極限状態で作業を行わなければならないこと。これら全てが救急車の医師の職業を非常に困難なものにしています。しかし同時に、これはとても必要とされている高貴な仕事です。

STEP 3

7 Норильск

Норильск расположен на севере Красноярского края к югу от Таймырского полуострова, примерно в 90 км к востоку от Енисея. Это самый северный в мире город с постоянным населением более 150 000 жителей. Одновременно и один из самых «грязных» городов России и мира.

По данным Росгидромета Норильск входит в список российских городов «с наибольшим уровнем загрязнения атмосферы». Формирование очень высокого уровня загрязнения воздуха в Норильске обусловлено значительными выбросами диоксида серы, составляющими более 1,9 млн тонн в год.

Норильск традиционно попадает в список наиболее загрязнённых городов мира. Уровень загрязнения атмосферного воздуха в Норильске стабильно очень высокий. Норильск сохраняет за собой статус самого большого в России выделителя загрязняющих веществ в атмосферу. Причём объём выбросов этого города с двухсоттысячным населением более чем в два раза превышает объём выбросов многомилионной Москвы. Лидерство Норильска выделяется ещё тем, что его выбросы имеют преимущественно промышленную природу, тогда как доля автомобильных выбросов составляет всего 0,5%.

В целом по России, по данным Росгидромета, в 123 городах (57% исследованных городов) степень загрязнения воздуха оценивается как высокая и очень высокая, и только в 22% городов как низкая. В городах с высоким и очень высоким уровнем загрязнения атмосферного воздуха проживает 54,2 млн человек, что составляет 52% городского населения России. В 204 городах (81% городов, где проводятся наблюдения) средняя за год концентрация одного или нескольких загрязняющих веществ превышает 1 ПДК. В этих городах проживает 66,6 млн чел.

диоксид	二酸化物	более чем	まったく、すっかり
сера	硫黄	ПДК	MPC、最大許容濃度
выделитель	排出者		

7 ノリリスク

ノリリスクはクラスノヤルスク地方の北、タイミル半島の南、エニセイ川の東約90km に位置しています。この都市は、定住者人口が 15 万人以上の、世界最北端の都市です。それと同時に、ロシアと世界の最も「汚い」都市の 1 つです。

ロシア水文気象環境監視局のデータによると、ノリリスクは「大気汚染のレベルが最も高い」ロシアの都市のリストに含まれます。ノリリスクで非常に高いレベルの大気汚染が生じる原因は、二酸化硫黄の大量排出によるもので、年間 190 万トン以上に上ります。

ノリリスクは、世界で最も汚染された都市のリストに含まれるのが恒例になっています。ノリリスクの大気汚染のレベルは変動することなく、「非常に高い」水準にあります。ノリリスクはロシア最大の大気中への汚染物質排出者の地位を保っています。さらに、人口 20 万人のこの都市の排出量は、何百万人もの人が住むモスクワの排出量のほとんど 2 倍に当たります。ノリリスクがほかを寄せ付けないのは、その排出物が主に工業的な性質を持っているのに対し、自動車の排出量の分はわずか 0.5%であるという事実によっても際立っています。

一般に、ロシアでは、ロシア気象庁によると、123 の都市(調査した都市の 57%)で、大気汚染の程度は「非常に高い」、あるいは「高い」であり、22%の都市でのみ、「低い」と評価されています。 5420 万人が大気汚染のレベルが非常に高い都市に住んでおり、これはロシアの都市人口の 52%に相当します。 204 の都市(観測が行われている都市の 81%)では、1 つ以上の汚染物質の年間平均濃度が 1MPC を超えています。これらの都市には 6,660 万人が住んでいます。

8 Матрёшка

Самый популярный символ России — это матрёшка. Слава игрушки распространилась далеко за пределами нашей страны. Родиной краснощёкой барышни считается Сергиев Посад. Именно в этом городе впервые создали деревянную матрёшку, при раскрытии которой появлялись одинаковые игрушки меньшего размера.

Матрёшка — это сувенир, украшение или забава для детей? Учёные уверены, что это великолепное развивающее пособие для малышей. Оно помогает им знакомиться с такими определениями, как размер, величина и цвет. Складывая куколки, у ребёнка развивается координация и мелкая моторика рук. Малыши учатся логически мыслить, собирая матрёшку, и пробуют считать.

В 1900 году символ России был представлен на международной выставке, проходившей в Париже. Игрушка получила заслуженную награду и всемирную популярность. Всемирная слава и любовь пришли к куколке в 1905 году. Во французской столице был открыт магазинчик, куда сразу же поступил первый заказ на изготовление матрёшек-бояр. В 1911 мастера Сергиева Посада создавали игрушки для отправки в четырнадцать разных стран. За границу было передано более двадцати одной модели куколок, отличающихся по форме, росписи и количеству «вкладышей». В 1913 году токарь Булычёв специально для выставки, проходившей в Санкт-Петербурге, создал игрушку, состоящую из сорока восьми фигурок!

Матрёшка — это не просто игрушка, а отдельный мир. Она символизирует целую страну. Куколка является самым любимым и популярным сувениром для всех туристов, прибывающих в Россию. История фигурки насчитывает несколько веков, но до сих пор она не потеряла актуальности. Игрушка по праву считается искусством, обогатившим мировое художественное наследие и ставшим желанным предметом для коллекционеров.

8 マトリョーシカ

　最もよく知られているロシアのシンボルはマトリョーシカです。このおもちゃの名声は、私たちの国の国境をはるかに越えて広がっています。赤い頬をした乙女人形の発祥の地と考えられているのは、セルギエフ・ポサードです。まさにこの町で、開けると同じ形をした小さなサイズの人形が現れる木製のマトリョーシカが最初に作成されました。

　マトリョーシカは、お土産、装飾品、あるいは子どもの遊び道具でしょうか？学者は、これが幼児にとって素晴らしい発育教材であると確信しています。この人形は寸法、容積、色などの定義に慣れるのに役立ちます。人形を組み立てながら、子どもは手の協調性と細かい運動機能を発達させます。幼児は、マトリョーシカを組み立てながら、論理的に考えることを学び、数を数えようとします。

　1900 年、パリで開催された万国博覧会でロシアのシンボルが紹介されました。このおもちゃはしかるべき賞を受け、世界中で人気を博しました。1905 年、この人形に世界的な名声と愛がもたらされました。フランスの首都にショップがオープンし、すぐに貴族柄のマトリョーシカ製作という最初の注文を受けました。1911 年、セルギエフ・ポサードの職人たちは、14 カ国に送るマトリョーシカを作り出しました。形、絵柄、入れ子の数が異なる、21 を超える人形のモデルが海外に送られました。1913 年、旋盤工のブリチョフは、サンクトペテルブルクで開催された展覧会のために特別に、48 体からなるマトリョーシカを作成しました。

　マトリョーシカはただのおもちゃではなく、独立した世界です。この人形は国全体を象徴しています。この人形は、ロシアにやって来る全ての観光客にとって最も人気のあるお土産です。この人形の歴史は数世紀前にさかのぼりますが、今日に至るまでその話題性は失われていません。マトリョーシカは、世界の美術的遺産を豊かにし、コレクターに待ち望まれる対象となった芸術だと、十分な根拠を持って考えられています。

STEP1 STEP2 STEP3

❽

Сергиев Посад	セルギエフ・ポサード（都市名）	координация	調整、調和
забава	気晴らし、遊び	моторика	運動機能
складывать	組み立てる	токарь	旋盤工

9 Крепостное право

«Продаётся дворовая девка с маленьким ребёнком за 50 рублей серебром и 10 рублей ассигнациями», — вряд ли это объявление, опубликованное в газете «Киевский вестник» в 1838 году, вызвало ажиотажный спрос. Товар так себе — женщины ценились ниже мужчин. Например, в Новгородской губернии крепостную можно было купить за пять рублей. Для сравнения: гусь стоил один рубль 20 копеек, а вот за крепкого здорового мужика пришлось бы отдать до 400 рублей, как за хорошего английского скакуна.

Помещик мог делать с крепостным всё что угодно. Кроме одного — нельзя было умышленно убивать. Случайно — можно. XVIII век, эпоха Екатерины Великой — расцвет русского дворянства. Но и тогда дела дворян-изуверов доходили до суда. Самое громкое из них — история Дарьи Николаевны Салтыковой, по прозвищу Салтычиха. Она в 50-е годы XVIII века имела в Подмосковье около 600 душ и отличалась лютым нравом. Слухи о её зверствах широко распространились, но она откупалась от следователей взятками, пока двое крестьян не смогли пожаловаться на неё императрице. Их показания подтвердили даже помещики-соседи, опасавшиеся, что крепостные Салтычихи поднимут бунт и он перекинется на их владения.

В суде было доказано 38 убийств, хотя свидетели приписывали ей до 140 трупов. «Забитую до смерти дворовую Прасковью Илларионову, — говорится в материалах дела, — повезли хоронить, когда стоял сильный мороз. На труп несчастной бросили её грудного ребёнка, который потом замёрз». Данные, которыми мы располагаем, позволяют сделать вывод, что Салтыкова была психически больным человеком. Об этом говорит её маниакальное стремление к абсолютной чистоте.

Салтычиха — всё-таки исключение, а не правило. Но крепостное право означало для крестьян абсолютное бесправие. Попытки смягчить его предприняли только в начале XIX века.

9 農奴制

「幼い子ども連れの地主邸付小間使、銀貨 50 ルーブルと紙幣 10 ルーブルで売ります」と、1838 年に新聞『キエフ報知』に掲載されたこの広告に問い合わせが殺到することはなかったでしょう。商品はとりたててなんということもありません。女性は男性よりも低く評価されていました。例えば、ノヴゴロド州では農奴の女性を 5 ルーブルで買うことができました。参考までに、ガチョウは 1 ルーブル 20 カペイカですが、丈夫で健康な男性には、イギリスの優良馬と同じく最大 400 ルーブルを支払わなければならなかったといいます。

地主は農奴に対して好き勝手に何でもすることができました。ただ 1 つのことを除いて。意図的に殺害することは禁じられていました。偶発的ならあり得ました。18 世紀、エカチェリーナ女帝の時代は ロシアの貴族の全盛期でした。しかし、この時期に残忍な貴族の訴訟が法廷に持ち込まれました。それらの中で最もよく知られているのが、ダリア・ニコラエヴナ・サルティコヴァ、通称サルトィチーハの事件です。18 世紀の 50 年代、彼女はモスクワ近郊に約 600 人の農奴を持ち、無慈悲な性格が目立つ人物でした。彼女の残虐行為についての噂は広まっていましたが、2 人の農民が彼女について女帝に訴え出ることができるまで、サルトィチーハは賄賂で予審判事を買収していました。農民たちの証言は、サルトィチーハの農奴が反乱を起こし、それが彼らの所有地にも広がることを恐れた隣の地主によっても確認されました。

法廷では、証人は 140 ほどの死体が彼女の犯行だとしましたが、証明されたのは、38 人の殺人事件でした。「殴り殺された屋敷付きのプラスコヴィア・イラリオノワは埋葬のために運ばれた。厳しい寒さの続く時だった。この女の乳児が不運な女の死体に投げつけられ、やがて乳児は凍死した」と審理の記録は語っています。われわれの手元にある資料によれば、サルティコヴァは精神を病んでいた人間であると結論付けることができます。絶対的な清潔さを偏執的に追い求めたことが、それを証明しています。

サルトィチーハは、それでも例外であり、法則ではありません。しかし、農奴制は農民にとって絶対的な無権利を意味しました。それを軽減しようとする試みが始まったのは、ようやく 19 世紀初めになってのことでした。

❾

дворовый	地主屋敷付きの	изувер	狂信者、残忍な人
ажиотажный	熱狂的、大騒ぎの	лютый	容赦ない、無慈悲な
дворянство	貴族階級	маниакальный	躁病の、偏執狂の

143

10 Дача и коттедж

Западный человек отдыхает, чтобы работать, русский работает, чтобы отдыхать. Русский человек предпочитает пожизненной деловой каторге поэтическое созерцание мира. И несомненно, дача — один из символов его национального менталитета.

У европейцев и американцев, проживающих в частных домах за городом, как правило, нет квартир в мегаполисе: дорого, невыгодно, да и не нужно. В России малокомфортное и неуютное городское жильё как бы нарочно выталкивает уставших горожан в пригородную зону. Жить в городской квартире зимой и трудиться на шести сотках летом — таков традиционный образ жизни десятков миллионов россиян.

В последние годы старые дачи вблизи крупнейших городов, особенно Москвы и С.-Петербурга, всё больше вытесняются коттеджами или «новорусскими виллами», массово распространившимися в России в 1990-е гг.

Те коттеджи, что возникают в старых дачных посёлках, на их окраинах или окаймляют заброшенные сельскохозяйственные поля в пригородах, чаще всего, по данным периодических наблюдений, используются почти так же, как и классические дачи. Это скорее выплеск капиталов из крупнейших городов, а не реальное разрастание города.

Однако новые благоустроенные коттеджные посёлки эконом-класса и, особенно, бизнес-класса, появившиеся в 2000-х гг., недалеко от крупнейших городов, представляют собой начало реальной субурбанизации.

Например, в Московской области их число превысило 700. Москвичи, даже сохраняющие городскую прописку, около 20% подмосковных коттеджей, по оценкам экспертов, используют для постоянного проживания. Значительный приток мигрантов из других регионов России в Подмосковье отражает скорее центростремительные, чем центробежные потоки.

10 ダーチャとコテージ

　西洋人は働くために休むが、ロシア人は休むために働く。ロシア人は、生涯にわたる仕事による重労働より、世界を詩的に思い巡らすことを好みます。そして間違いなく、ダーチャはロシア人の国民的精神の象徴の1つです。

　都市郊外の個人所有の家に住んでいるヨーロッパ人とアメリカ人は、原則として、大都市に住宅を持っていません。それは高価で、何の得にもならず、まったく必要ではありません。ロシアでは、あまり快適でない、住み心地の悪い都市住宅が、あたかも故意に、疲れた市民を郊外に追いやっているかのようです。冬は都会のアパートに住み、夏は600平方メートルの土地で働くというのは、何千万人ものロシア人の伝統的な生活様式です。

　近年、大都市、特にモスクワとサンクトペテルブルク近くの古いダーチャは、1990年代にロシアで大規模に普及したコテージあるいは「新ロシア人の豪華別荘」にますます取って代わられています。

　定期的な観察によると、郊外の古い別荘村とその外れに発生しているコテージ、あるいは郊外の放棄された農地を取り巻いているコテージは、ほとんどの場合、古典的な夏の別荘とほぼ同じように使用されています。それはむしろ大都市からの資本がこぼれてきたものであり、都市が実際に拡大しているのではありません.

　しかし、特に大都市の近くで、2000年代に登場した、通常コテージ、特に上級コテージの新しいよく整備されたコテージ村は、真の郊外化の始まりを表しています.

　例えば、モスクワ州では、その数は700を超えました。モスクワ市民は、市の居住許可を保持しながら、専門家によると、モスクワ近郊のコテージの約20%を常時居住用として使用しています。ロシアのほかの地域からモスクワ郊外への移住者の大量の流入は、遠心的な流れというよりも求心的な流れを反映しています。

❿

дача	ダーチャ、別荘（菜園付）	шесть соток	600㎡の土地（дачаの標準区画）
коттедж	コテージ、別荘、戸建小住宅、	вилла	庭園付きの豪華別荘
нарочно	故意に、わざと	субурбанизация	郊外化

11 Стрекозы

Стрекозы — одни из самых древних насекомых. Они жили на нашей планете ещё в каменноугольном периоде, т.е. более 300 млн. лет назад. С тех пор их строение принципиально не изменилось. Все стрекозы характеризуются стройным, вытянутым туловищем и крупной головой, большую часть которой занимают огромные глаза. Две пары крыльев у всех видов пронизаны густой сетью мелких жилок. Причём они далеко не всегда светлые, некоторые из стрекоз (например, красотки) имеют крылья синего цвета.

Большинство стрекоз летает днём, чаще всего вблизи водоёмов. На лету они и ловят свою добычу, в основном различных комаров. Их личинки обитают в воде, куда все стрекозы откладывают свои яйца. Дышат они специальными жабрами, расположенными чаще всего на конце брюшка. У личинок крупных стрекоз жабры расположены в задней кишке, и дыхание осуществляется путём «вдохов» и «выдохов» воды через анальное отверстие. Такие личинки при резком «выдохе» толчком устремляются вперёд, используя своеобразный «реактивный двигатель». Личинки стрекоз тоже хищники, питаются в основном личинками водных насекомых и других беспозвоночных. Для «охоты» они используют огромную нижнюю губу, т.н. маску, резко выбрасывая ее вперёд и хватая добычу.

Личинки последнего возраста, закончившие развитие, забираются на торчащие из воды стебли водных растений, обсыхают и превращаются во взрослых стрекоз. Такое превращение может занимать несколько часов. Сначала у личинки лопаются покровы тела на груди, и через щель появляется беловатое, сначала как бы неоформленное тело будущего взрослого насекомого. Затем постепенно расправляются крылья, тело окрашивается, и покровы его твердеют. Окрылившееся насекомое приобретает способность к уверенному полёту обычно только на следующий день.

トンボは最も古くからいる昆虫の1つです。彼らはすでに石炭紀、つまり3億年以上前にこの地球に存在していました。その時から、トンボの（体の）仕組みは大きくは変わっていません。トンボはどれも皆すらっと伸びた胴体と大きな頭が特徴で、巨大な目が頭のほとんどを占めています。どの種のトンボにも2対の羽があります。その羽には、密に網の目のようになった細かい翅脈が広がっています。その上に、羽は常に透明とは限りません。中には青い羽を持っているトンボ（例えば、カワトンボ）もいます。

トンボの多くは昼間、たいてい水辺の近くを飛びまわります。飛んでいるうちに、獲物、主にさまざまな蚊を捕まえます。その幼虫は、全てのトンボが卵を産む水中に棲んでいます。彼らは、多くの場合腹部の末端にある特別なえらで呼吸します。大型トンボの幼虫のえらは後腸にあり、肛門から水を「吸い込み」「吐き出す」ことで呼吸をしています。そのような幼虫は、鋭く「吐き出す」際に、一種の「ジェットエンジン」を使って、ぐいっと前へ進みます。トンボの幼虫も捕食者で、主に水生昆虫やその他の無脊椎動物の幼虫を食べます。「狩猟」のために、彼らはマスクと呼ばれる巨大な下唇をさっと前に突き出し獲物をつかみます。

成長を終え最終期に達した幼虫は、水から突き出た水生植物の茎に登り、乾いて（水気を取り）成虫のトンボに変わります。このような変態には数時間かかる場合があります。まず、体の胸の外皮が破れ、割れ目から白っぽいものが姿を現します。それは最初は形が整っていないような未来の成虫の体です。その後、羽が徐々に広がり、体が色付き、外皮が固まっていきます。羽ができあがったこの昆虫が、しっかり飛ぶ能力を獲得するのは、通常翌日になってのことです。

STEP1 STEP2 STEP3

⓫

туловище	胴体
пронизать	縦横に走る
жилка	細い血管、翅脈、葉脈
красотки	カワトンボ（イトトンボ亜目）
личинка	幼虫、稚魚
жабры	えら

брюшко	腹
отверстие	穴
маска	マスク（捕食に使う下唇）
торчать	突き出る
покров	覆うもの
расправляться	伸びる

12 Макдональдс

Около 30 лет назад мы узнали, что крупная буква «М» — это не только обозначение метро. Зимой 1990-го в Москве открылся первый ресторан быстрого питания Макдональдс, сразу собрав двухкилометровую очередь на вход. Чтобы быстро поесть, нужно было долго постоять: часа два-три. Что там дают, люди ещё не знали, но очень хотели попробовать. А молодых людей, которые начали работать в первом в Советском Союзе Макдональдсе, инструктировали: «Улыбайтесь, принимая заказ, это наше правило».

В 90-м году на поход в Макдональдс нужно было подкопить денег: бигмак стоил 3 рубля 75 копеек, а месячный проездной на автобус, для примера, 3 рубля, средняя зарплата 150 рублей, стипендия всего 40. В общем, ради прикосновения к этим «чудесам западной цивилизации» приходилось кое-чем жертвовать.

Раньше, как раз на месте Макдональдса на Пушкинской находилось знаменитое кафе «Лира», которое воспринималось как весьма престижное место. Сносить «Лиру», в общем, было совершенно незачем. Но были у этой трансформации популярного места политические мотивы: Перестройке требовались символы успеха, сближения с Западом.

Начав бить мировые рекорды около 30 лет назад, когда за один день Макдональдс на Пушкинской обслужил 30 тысяч 650 человек, этот ресторан быстрого питания так и продолжает традицию, в 2019 году он снова стал самым посещаемым во всей сети по всему миру.

Но деятельность компании «Макдональдс» в России остановлена с 9 марта 2022 года после вторжения российских войск на Украину. Потом Макдональдс объявил об уходе из России и продаже бизнеса.

12 июня 2022 года в 12:00 по московскому времени на месте Макдональдса на Пушкинской площади был открыт флагманский ресторан под новым брендом «Вкусно — и точка». Надпись на здании гласит: «Название меняется, любовь остаётся».

12 マクドナルド

　30 年ほど前に、私たちは大きな文字 M が地下鉄だけを意味するのではないことを知りました。1990 年の冬、最初のファストフードレストラン、マクドナルドがモスクワにオープンし、すぐに入口まで 2 キロメートルの列ができました。素早く食事をすますために、2、3 時間もの長い間立っていることが必要でした。人びとは、そこで何が出されるのか知りませんでしたが、とても食べてみたかったのです。一方、ソビエト連邦で最初のマクドナルドで働き始めた若者たちには次のような指示がありました。「注文を受ける時は笑顔で。これが私たちのルールです」

　1990 年には、マクドナルドに行くには少しお金を貯める必要がありました。ビッグマックの値段は 3 ルーブル 75 カペイカでしたが、バスの 1 カ月定期券が 3 ルーブル、平均給与が 150 ルーブル、奨学金が全部で 40 ルーブルです。要するに、このような「西洋文明の奇跡」に触れるためには、何かを犠牲にしなければなりませんでした。

　プーシキン広場のちょうどマクドナルドの場所には、以前、非常に格式のある場所として知られていた有名なカフェ「リラ」がありました。リラを取り壊す必要はまったくありませんでした。しかし、人気のある場所のこの取り換えには政治的な動機がありました。ペレストロイカには成功の象徴が必要で、西側に接近することが求められていました。

　約 30 年前に、プーシキン広場のマクドナルドが 1 日で 30,650 人にサービスを提供して世界記録を更新してから、このファストフードレストランは伝統を引き継ぎ、2019 年には再び世界中のマクドナルドチェーン全体の中で最も来客数の多い店となりました。

　しかし、ロシア軍がウクライナに侵攻した後、2022 年 3 月 9 日以降、ロシアでのマクドナルドの活動は停止されました。その後、マクドナルドはロシアからの撤退と事業の売却を発表しました。

　2022 年 6 月 12 日、モスクワ時間の 12 時に、「フクースナ・イ・トーチカ（おいしい　それだけ）」という新ブランドの中心となる店舗がプーシキン広場にオープンしました。その建物の看板には、「名前は変わる、愛は残る」と書かれています。

⓬

трансформация	変換
бренд	ブランド

STEP 3

13 Сергей Дягилев

Дягилев — известный на весь мир создатель антрепризы «Русские сезоны», одна из ключевых фигур XX века. Он одним из первых почувствовал приближение нового времени и изменил парадигму в мире искусства.

В 1890 году Сергей Дягилев приезжает из Перми в Петербург. Ему 18 лет, он поступает на юридический факультет; среди его друзей оказывается Александр Бенуа. Тогда Дягилев ещё знает об искусстве очень мало, но разговоры на эту тему его вдохновляют, и он активно посещает выставки и театры, занимается музыкой и заводит аристократические знакомства.

В 28 лет его назначают чиновником по особым поручениям при директоре Императорских театров, но спустя 3 года увольняют. С этого момента Дягилев решает полностью посвятить себя искусству. Дягилев устраивает выставки (например, такие как историческая выставка русского портрета) и вместе с Бенуа издаёт журнал «Мир искусства». Обладая неиссякаемым энтузиазмом и энергией, он с художниками из журнала меняет привычное сознание публики, влияя на вкус эпохи и пропагандируя эстетику модерна, а позже и авангарда.

В 1907 году Дягилев проводит в парижской Гранд-опера серию концертов и начинает историю антрепризы знаменитых «Русских сезонов» в Париже и по всей Европе. Он заказывает новые балеты Стравинскому, Прокофьеву, Дебюсси; привлекает к работе над спектаклями гениальных художников — Бенуа, Головина, Коровина. В его «Русских сезонах» идут не только балеты, но и опера: в Париже и Лондоне триумфально проходит «Борис Годунов» Мусоргского с Фёдором Шаляпиным в партии Бориса. Его девиз найти «такое искусство, посредством которого вся сложность жизни, все чувства и страсти выражались бы… не рассудочно, а стихийно, наглядно, бесспорно». Влияние «Русских сезонов» выходит далеко за границы театрального партера.

13 セルゲイ・ディアギレフ

　ディアギレフは、世界的に有名な、「ロシアの季節」興行の創設者で、20 世紀の最も重要な人物の1人です。彼は、新しい時代の到来を感じ、アートの世界のパラダイムを変えた最初の人物の1人でした。

　1890 年、セルゲイ・ディアギレフはペルミからサンクトペテルブルクにやって来ました。彼は 18 歳で、法学部に入学しています。彼の友人の中にはアレクサンドル・ベノワがいます。この時、ディアギレフはまだ芸術についてほとんど知りませんでしたが、このテーマに関する会話は彼を奮い立たせ、彼は積極的に展示会や劇場を訪れ、音楽に取り組み、貴族と知り合いになります。

　28 歳の時、帝国歌劇場の館長の下で特別任務の役人に任命されましたが、3 年後に解雇されました。この瞬間から、ディアギレフは完全に芸術に身をささげることを決心します。ディアギレフは展覧会（例えば、ロシアの肖像画の歴史的展覧会と同様のもの）を開催し、ベノワと一緒に雑誌『芸術世界』を発行します。ディアギレフは雑誌の画家たちとともに、尽きることのない情熱とエネルギーで、一般の人々の通常の意識を変革し、時代の美的センスに影響を与え、モダニズム、そして後にはアヴァンギャルドの美学を普及宣伝していきます。

　1907 年、ディアギレフはパリのオペラ座で一連のコンサートを開催し、パリと全ヨーロッパで有名になる「ロシアの季節」興行の歴史を開始しました。彼はストラヴィンスキー、プロコフィエフ、ドビュッシーに新しいバレエ（音楽）を発注し、ベノワ、ゴロビン、コロビンなどの優秀な画家を舞台の仕事へと引き込みます。彼の「ロシアの季節」にはバレエだけではなくオペラもありました。パリとロンドンでは、フョードル・シャリアピンが主役ボリスとしてソロを務めた、ムソルグスキーの「ボリス・ゴドゥノフ」が大成功を収めています。彼のモットーは、「人生の全ての複雑さ、全ての感情と情熱が表現されるような芸術を見つけること……。知的ではなく自然の力によって、視覚的で、議論の余地がないように」、ということでした。「ロシアの季節」の影響は、劇場の平土間の境界をはるかに越えるものです。

❸

антреприза	劇場事業を行う企業、興行主
парадигма	パラダイム、規範
поручение	委託、委任

партия	オペラのソロの役
партер	（劇場の）平土間、一階観覧席

14 Картошка

Картошку у нас любят. Но привычная версия её появления в России является бессовестной ложью от первого до последнего слова. Обычно говорят следующее: «Пётр I, будучи в Роттердаме, отведал множество блюд из картошки. И распорядился купить на городском рынке мешок отборных семян для отправки в Россию и разведения его в разных краях». Звучит правдоподобно и для среднего уха комфортно — известно же, что всё самое передовое царь-плотник привёз из Голландии.

Но есть любопытный момент, который одним махом перечёркивает красивую байку о «передовых голландцах» и «отсталых русских». Дело в том, что рынок Роттердама был строго регламентирован. Скупые и дотошные бюргеры учитывали всё — и кто что купил, и кто что продал, и какие есть новые товары. И картофель в этих записях впервые упоминается только в 1742 г. Пётр к тому моменту был мёртв уже 17 лет. Совершенно очевидно, что в Голландии при жизни царя-плотника картошку даже не начинали осваивать.

Не годится и шведская версия. Согласно ей, картофель попал к нам в результате Северной войны, которая окончилась в 1721 г. И по которой к России отошли прибалтийские шведские провинции, где якобы уже давно культивировали этот полезный корнеплод.

Такого не могло быть по той простой причине, что шведам картошка на тот момент не была известна. Сомневающиеся могут посетить шведский город Алингсос, на главной площади которого стоит памятник тамошнему уроженцу Юнасу Альстрёмеру. За какие же заслуги ему досталось такое почитание? Хроники города говорят об этом прямо: в 1734 г., спустя 13 лет после окончания войны с Россией, этот торговец и промышленник впервые ввёз в Швецию картофель. Между тем в наших краях картошку к тому моменту знали уже неплохо.

⓮

мешок	袋(単位としては約50～80kg)
одним махом	即座に
байка	作り話

дотошный	好奇心の強い
бюргер	（ドイツなどの）都市住民
тамошний	その土地の

14 ジャガイモ

　わが国ではジャガイモが愛されています。しかし、どうやってジャガイモがロシアに現れたかということに関する慣れ親しんだ説は、最初から最後まで不誠実な嘘です。通常、次のように言われています。「ロッテルダムにいたピョートル1世はたくさんのジャガイモ料理を食べてみた。そして彼は、町の市場で精選された種子を一袋購入するように命じた。ロシアに送ってさまざまな地方で栽培させるために」。大工となったツァーリが最も進んだものを全てオランダからもたらしたことが知られています、という言葉はもっともらしく、耳にも心地よく響きます。

　しかし、「進歩的なオランダ人」と「後進的なロシア人」についての美しい作り話をすぐさま消し去る興味深い事実が存在します。実は、ロッテルダムの市場は厳しく規制されていました。お金に細かく、好奇心の強いロッテルダムの住民は、誰が何を買ったのか、誰が何を売ったのか、そしてどんな新しい商品があったのか、全てを帳簿に記録していました。そして、これらの記録の中でジャガイモに初めて触れられたのは、1742年でした。この時、ピョートルが亡くなってすでに17年間が経過していました。大工となったツァーリが存命中に、オランダでは、ジャガイモを自国に取り入れ始めてさえいなかったことは極めて明白です。

　スウェーデン説も役に立ちません。この説によると、1721年に終結した大北方戦争の結果としてジャガイモがわが国に到来したということです。それによると、この有用な根菜類が長い間栽培されてきたとされるスウェーデンのバルト海沿岸の地域がロシアの手に移ったからというのです。

　これは、あり得ないことでした。この時、スウェーデン人にジャガイモは知られていなかったという単純な理由で。疑わしく思う人は、スウェーデンの都市アリングソースを訪れるといいでしょう。この町の中心的な広場には、地元出身のヨーナス・アルストレーマーの記念碑があります。彼はどのような功績があってこうした尊敬を得ることになったのでしょうか？　これについて町の年代記ははっきりと記しています。ロシアとの戦争が終わってから13年後の1734年、この商人、実業家が最初にジャガイモをスウェーデンに輸入した、と。ところが、この時、わが国では、ジャガイモはすでによく知られていました。

STEP 3

15 Сумако Мацуи

В декабре 1915 года Владивосток посетила с гастролями японская труппа «Художественный театр», звездой которой была актриса Сумако Мацуи, первая выдающаяся актриса в истории нового японского театра, ориентированного на постановку пьес западноевропейских и современных японских драматургов. Выступление труппы прошло в помещении Пушкинского театра во Владивостоке.

Сумако впервые прославилась в 1911 году благодаря роли Норы в пьесе Генрика Ибсена «Кукольный дом». В 1913 году она создала новую театральную труппу «Художественный театр» под руководством режиссёра-сценариста Хогецу Симамуры. Она стала известной актрисой благодаря роли Катюши в «Воскресении» Льва Толстого.

Вместе с этим имя главной героини «Катюша», которую играла Сумако, стало популярным среди зрителей, и ленту для волос, которую использовала японская актриса, так и стали называть «Катюшей» и до сих пор японцы называют ободок на волосы русским именем «Катюша».

«Песня Катюши», которую она исполнила на сцене, стала огромным хитом, разошедшимся тиражом более 20 000 копий. Сумако называли первой в Японии поющей актрисой.

Тем не менее один молодой человек резко раскритиковал пьесу «Воскресение» в постановке Хогецу: «Сценарий "Воскресения", написанный Хогецу, совсем не соответствует толстовскому духу. "Песня Катюши"тоже не имеет никакого отношения к произведению Л.Толстого. Это японская лирическая песня о разлуке. Когда звучит эта песня, на сцене Толстого нет. "Воскресение"— это не сентиментальная мелодрама, а лучшее художественное произведение».

Мнение молодого критика совершенно верно, но всё же нужно отметить, что Сумако и Хогецу внесли большой вклад в развитие нового японского театра.

Хогецу умер от испанки 5 ноября 1918 года. Через два месяца Сумако покончила с собой 5 января 1919 года.

15 松井須磨子

　1915年12月、日本の劇団「芸術座」が出張公演でウラジオストクを訪れました。劇団の花形は女優の松井須磨子でした。須磨子は、西欧と現代日本の劇作家の作品上演を方針としていた日本の新劇史上最初の傑出した女優でした。劇団の公演は、ウラジオストクのプーシキン劇場内で行われました。

　1911年、ヘンリック・イプセンの戯曲『人形の家』でノラ役を演じ、須磨子は初めて名声を博しました。　1913年、演出・脚本家の島村抱月の指導のもとに新しい劇団「芸術座」を結成。須磨子はレフ・トルストイ作『復活』のカチューシャ役で有名になりました。

　同時に、須磨子が演じる主人公「カチューシャ」の名前が観客に人気を博し、この日本の女優が使用したヘアバンドは「カチューシャ」と呼ばれるようになりました。そして今でも、日本人は髪留めのことをロシア人の名前の「カチューシャ」と呼んでいます。

　舞台で披露した『カチューシャの唄』は2万枚を超える大ヒットとなりました。須磨子は日本初の歌う女優と呼ばれています。

　それにもかかわらず、ある若い人物が、抱月による『復活』脚本を鋭く批判しました。「抱月の『復活』脚本は、少しもトルストイの精神に忠実なものではありません。『カチューシャの唄』も　トルストイの作品とは何の関係もありません。これは別れを歌った日本の抒情歌謡です。この歌が響く舞台に、トルストイはいません。『復活』は感傷的なメロドラマではなく、最高の芸術作品なのです」

　若い評論家の意見は完全に正しいものですが、それでもやはり須磨子と抱月が日本の新劇の発展に多大な貢献をしたことは指摘しておかなければなりません。

　1918年11月5日、抱月はスペイン風邪で亡くなります。　その2カ月後の1919年1月5日、須磨子は自殺しました。

⑮

гастроли	客演、出張公演
труппа	劇団
драматург	劇作家

ободок	縁飾り、髪飾り
разойтись	売り切れる
лирический	抒情的な

16 Мобильный телефон

Стартом российской истории сотовой связи принято считать 9 сентября 1991 года, день, когда первый официальный звонок с мобильного телефона на территории России сделал мэр Санкт-Петербурга Анатолий Собчак мэру Сиэтла Норму Райсу, пообщавшись с ним по-английски несколько минут.

В 2000 году мобильными телефонами владели около 1 400 000 человек, а в конце 2003-го их было уже около 37 миллионов. На стоимость и популярность услуги сильно повлиял кризис 1998 года, когда мобильные операторы связи вынужденно сменили бизнес-модель. В этом году «Московская Сотовая Связь» отменила плату за входящие звонки, а через год это сделали «МТС» и «Билайн». Появились и новые тарифные планы: к концу 1999 года минута разговора снизилась с 0,55 доллара до 0,15-0,18. После этого использование мобильного становится массовым. К 2006 году количество активных SIM-карт превышало численность населения страны.

В 2007 году был совершён первый в стране видеозвонок в сети 3G. После этого в России стал общедоступен новый стандарт связи с высокой скоростью интернета, просмотром мобильного телевидения и другими технологичными преимуществами. За время распространения связи третьего поколения в России стал популярен Wi-Fi, появились смартфоны с мобильным интернетом и информационными сервисами.

А с появлением в 2011 году первых сетей четвёртого поколения, эти новые возможности становятся естественной составляющей жизни миллионов россиян, которые могут теперь при помощи одного только смартфона решать огромное количество самых разных задач. В настоящее время в России, несмотря на масштабы территории, качественная и относительно недорогая для пользователей мобильная связь. А общее количество абонентов сотовых операторов — более 227 миллионов человек.

16 携帯電話

　サンクトペテルブルク市長のアナトリー・サプチャクがロシア領内で携帯電話から最初の公式電話をシアトル市長ノーム・ライスにかけ、数分間英語で彼と話をした日、1991 年 9 月 9 日が、ロシアの移動通信史の始まりと考えられています。

　2000 年には約 140 万人が携帯電話を所有していましたが、2003 年末にはすでに約 3,700 万人が所有していました。1998 年の（金融）危機はこのサービスの価格と人気に大きく影響し、携帯電話事業者はビジネスモデルの変更を余儀なくされました。この年、「モスクワ移動通信社」は着信料金を廃止し、1 年後には「MTS」と「Beeline」がこれに倣いました。新しい料金プランも登場し、1999 年末までに、1 分間の会話が 0.55 ドルから 0.15 ～ 0.18 ドルに下がりました。この後、モバイルの使用が大衆化していきます。2006 年までには、使用されている SIM カードの数は国の人口を超えました。

　2007 年には、国内初の 3G ネットでビデオ通話を行いました。その後、ロシアでは高速インターネット、モバイル TV 視聴、その他の技術的利点を備えた新しい通信規格に誰でも手が届くようになりました。第 3 世代通信が国内で普及していく間に、ロシアでは Wi-Fi が普及し、モバイルインターネットや情報サービスを備えたスマートフォンが現れました。

　そして、2011 年の第 4 世代の最初のネットワークの登場とともに、その新しい可能性は何百万人ものロシア人の生活の一部になりつつあります。人々は、スマートフォン 1 つで非常に多くのさまざまな問題を解決できます。現在、ロシアでは、領土の大きさにもかかわらず、モバイル通信は高品質で利用者にとって比較的安価です。また、携帯電話事業者への加入者総数は 2 億 2,700 万人を超えています。

STEP1

STEP2

STEP3

❶⓺

сотовая связь	移動体通信	Билайн	通信事業者の名称
оператор	通信事業者	SIM-карт	SIM カード
MTC	通信事業者の名称	составляющая	成分、構成要素

STEP 3

17 Чай

Чай — самый любимый напиток в России — появился около 300 лет назад. Его завезли из Китая. В XIX веке наладились оптовые поставки чая из Китая. Тогда же начали выращивать чай и на юге самой России: в Крыму, на юге Кубани, в Закавказье. Предлагались самые различные сорта: белые, тёмные, зелёные, цветочные, красные. Красный — это самый распространённый сегодня «чёрный» чай.

Московские купцы первыми оценили ароматный бодрящий напиток. В Москве появились и первые чайные, которые открывались в 5 часов утра. Довольно быстро чай распространился по всей стране и среди разных слоёв населения.

Появились особые традиции русского чаепития. На стол ставили знаменитый русский самовар. Угли в нём не давали воде остыть долгое время. Чай заваривали в специальном заварочном чайнике, на который сажали тряпичную куклу-грелку. Заварку разливали по чашкам и разбавляли кипятком из самовара.

Почётная обязанность разливать чай принадлежала хозяйке дома. Русское гостеприимство, широта души не позволяла угощать дорогих гостей одним чаем. На стол ставили баранки, различные пироги, булочки, сладости. Часто пили чай с различным вареньем. Тут же была вазочка с кусочками сахара. Московские купцы любили пить чай с сахаром «вприкуску». За чаем велись неторопливые беседы. Люди могли провести несколько часов за чайным столом, выпивая при этом 10-20 чашек чая.

Позднее в СССР появились электрические самовары. Но в наши дни самовар, даже электрический, не часто можно встретить в обычном доме. Современным людям некогда проводить часы за чаем. Всё чаще в быту используют чайные пакетики.

Но заварочный чайник и сейчас есть в любой семье. Многие предпочитают заваривать чай именно в нём, как в старину. Чай пьют и с утра, убегая на работу, и вечером после трудового дня.

17 お茶

　ロシアで最も愛されている飲み物、お茶が現れたのは、約300年前のことです。それは中国から持ち込まれました。19世紀には、中国からのお茶の卸売りが始まりました。同時に、ロシアの南部、すなわち、クリミア、クバーニの南、外コーカサスなどの地域でお茶の栽培が始まりました。白、黒、緑、花、赤など、ありとあらゆる品種のお茶が提供されました。赤は、今日最も一般的な「紅茶」のことです。

　香りのある爽快な飲み物の価値を最初に認めたのはモスクワの商人たちでした。モスクワに、午前5時に開店する最初の茶房が現れました。お茶は急速に全国に、そして住民のさまざまな層の間に広がりました。

　ロシアのお茶の飲み方に特別な習慣が現れました。有名なロシアのサモワールがテーブルに置かれます。中の炭は、長時間湯を冷ますことがありません。お茶は、特別な煎じ用のティーポットに淹れられ、その上に端切れでできた保温人形がかぶせられます。濃く出したお茶をカップに注ぎ分け、サモワールの沸騰したお湯で薄めます。

　お茶を注ぐという名誉ある役目は、家の女主人に属します。ロシアのおもてなしの心、魂の広さは、親愛なるお客様をお茶だけでおもてなしすることを許しません。輪形のパン、さまざまなパイ、白パン、お菓子がテーブルに置かれます。さまざまなジャムを舐めながら、お茶を飲みます。同じ所に、砂糖の塊が入った菓子皿もあります。モスクワの商人たちは「砂糖をかじりながら」お茶を飲むのが好きでした。お茶を飲みながらのんびりと会話が行われます。人々は10～20杯のお茶を飲みながら、お茶のテーブルで数時間を過ごすことがあります。

　その後、ソ連時代に電気サモワールが登場しました。しかし、最近では、電気のサモワールでさえ、普通の家ではあまりお目にかかりません。現代人はお茶を飲むのに何時間も費やす暇がありません。日常生活で、ティーバッグはますます頻繁に使用されています。

　しかし、煎じ用のティーポットは今もどの家庭にもあります。多くの人々は昔のようにその中でお茶を淹れることを好みます。彼らは、仕事へと急ぐ朝にお茶を飲み、そして1日の仕事を終えた夕方にもお茶を飲みます。

⓱

наладиться	成立する、始まる
оптовый	卸売りの
тряпичный	端切れを使った

кукла-грелка	急須保温人形、ティーポットカバー
баранка	輪型のパン
вприкуску	砂糖をかじりながら

STEP 3

18 Русский медведь

В 1526 году в России с туристическими и дипломатическими целями оказался дипломат Священной Римской империи, барон Сигизмунд фон Герберштейн. Он хорошо владел славянскими языками, был подкован в философии и праве, но предпочёл науке войну и дипломатию. По рабочей надобности он дважды побывал в Московском государстве, и в 1549 году издал книгу своих впечатлений. Там он вспомнил и о суровой зиме 1526 года, когда голодные медведи, которые почему-то не залегли в спячку, заходили в деревни и пытались забраться в избы испуганных крестьян.

Достоверность факта остаётся под вопросом, но на европейских читателей яркое описание нападения медведей произвело глубокое впечатление. Причём читатели, а позже и переписчики решили, что такое явление в России — норма. Так закрепилась параллель: Россия — страна медведей. Традиционные забавы скоморохов с дрессированными медведями, а также различные святочные обряды с переодеванием в медведя очевидно подтолкнули Герберштейна к такой ремарке. А позже укрепили подобное представление и у других путешественников.

Миф оказался настолько живучим, что на европейских картах Московское царство обозначали рисунком медведей. А в XVIII веке о медведях в России вспомнили английские журналисты и политики. В своих карикатурах они начали повсеместно использовать медведя как символ ещё дикой, но опасной страны к востоку от Европы.

В XIX веке такой приём уже стал традицией — русский медведь появляется в журнальных карикатурах времён войны с Наполеоном и Крымской, потом и Большой игры в Средней Азии.

Но русские, вместо того чтобы обижаться, переосмыслили символ, и медведь в русском изображении стал добродушным, но сильным зверем, который и себя в обиду не даст, и без причины ни на кого не нападает. Неслучайно талисманом Олимпийских игр в Москве стал медвежонок Миша.

18 ロシアの熊

　1526 年、観光と外交の目的でロシアにやってきたのは神聖ローマ帝国の外交官ジギスムント・フォン・ヘルベルシュタイン男爵でした。彼はスラブ諸語が堪能で、哲学と法に精通していましたが、科学よりも戦争と外交を好みました。仕事の必要性から、彼は 2 度モスクワ大公国に滞在し、1549 年に自分の印象を記した本を出版しました。この本の中で彼は 1526 年の厳しい冬に、何らかの理由で冬眠しなかった空腹の熊が村に侵入し、怯えた農民たちの家に入り込もうとしたことを想起しています。

　事実の信頼性には疑問が残りますが、熊の攻撃の鮮明な描写はヨーロッパの読者に強い印象を与えました。さらに、読者、そしてその後この話を書き移していく人たちは、ロシアではこのような現象が普通の状態であると決め付けました。こうして、ロシアは熊の国だ、という同様の定義が確立されました。調教をした熊を使った旅芸人たちの伝統的な娯楽や、熊に扮したさまざまなクリスマスの儀式は、ヘルベルシュタインをあのような発言へと駆り立てました。そして後に同様の考えがほかの旅行者においても強化されました。

　この作り話は、とても根強いもので、西洋の地図においてモスクワ大公国に熊の絵が付けられるほどでした。一方、18 世紀には英国のジャーナリストや政治家がロシアの熊を思い起こしました。彼らは、ヨーロッパの東にあるまだ未開な、しかし危険な国のシンボルとして、自分たちの風刺画の至る所で熊を使い始めました。

　19 世紀には、このようなやり方はすでに伝統となりました。ナポレオン戦争、クリミア戦争、そして中央アジアのグレート・ゲームのいずれのときにも雑誌の風刺漫画にロシアの熊が現れています。

　しかし、ロシア人は腹を立てるのではなく、このシンボルを解釈し直しました。つまり、ロシア人のイメージの中の熊は、気さくで、しかし自分に対する侮辱を許さず、理由もなく誰も攻撃しない強い獣になりました。小熊のミーシャがモスクワオリンピックのマスコットになったのは偶然ではありません。

STEP1　STEP2　STEP3

⑱

подковать	教え込む、仕込む
предпочесть	〜より〜を好む
скоморох	旅芸人、道化者

дрессировать	調教する、訓練する
ремарка	ト書き、発言
талисман	魔除け、マスコット

19 Блокада

8 сентября 1941 года замкнулось кольцо блокады вокруг Ленинграда. К концу этого же года прекратилась подача электроэнергии, вышли из строя водопровод и канализация. Горожане черпали воду либо из колодцев, либо из прорубей.

Мало кто знает, что в Петербурге есть памятник ленинградской проруби. Он был установлен в 2001 году на подступе к воде у дома № 21 по набережной Фонтанки. Памятник блокадному колодцу в Петербурге тоже есть. В 1979 году на стене дома № 6 по проспекту Непокорённых появилась мемориальная композиция. Над чашей с водой на стене дома изображена женщина с ребёнком на руках.

Во время блокады Ленинграда Аничков мост значительно пострадал от артналётов. Повреждения получили гранитные парапеты и секции перил. Чтобы спасти скульптуры, их увезли и закопали во дворах Аничкова дворца. На гранитных постаментах вместо скульптур выставили ящики с засеянной травой. Конные статуи вернули на место весной 1945 года.

Переправа стала памятником блокады: на граните постамента коней Клодта специально не стали реставрировать след от осколков немецкого артиллерийского снаряда — чтобы он напоминал о самом ужасном времени в истории города. Надпись на доске, которую повесили рядом, сообщает: след этот оставлен одним из 148 878 снарядов, которые враг выпустил по Ленинграду.

Карточки на хлеб ввели ещё до начала блокады. 18 июля 1941 года норма составляла 800 граммов в день. 2 сентября её снизили: рабочим и инженерно-техническим работникам выдавали по 600 граммов, служащим по 400, детям и иждивенцам — по 300.

За время блокады нормы сокращали пять раз. Согласно последней рабочим полагалось 250 граммов хлеба, а всем остальным по 125. Такая норма действовала с 20 ноября по 25 декабря 1941 года и привела к резкому скачку смертности от голода. Вследствие рабочим выдавали до 350 граммов хлеба, а остальным жителям — по 200.

19 封鎖

　1941 年 9 月 8 日、レニングラードを囲む封鎖網が完成しました。同年末までに、電力供給が遮断され、上下水道が故障しました。市民は井戸か氷の穴から水をくみました。

　サンクトペテルブルクにレニングラードの氷の穴の記念碑があることを知っている人はほとんどいません。記念碑は、2001 年にフォンタンカ河岸の 21 番地近くの水辺へ続く道に設置されました。サンクトペテルブルクには封鎖井戸の記念碑もあります。1979 年、ネポコリョヌィフ大通り沿い 6 番地の建物の壁に記念作品が現れました。壁には、水が入ったコップの上に、子どもを抱えた女性が表現されています。

　レニングラード封鎖中、アニチコフ橋は砲撃によって大きな被害を受けました。花崗岩の欄干と手すりの部分が損傷しました。彫刻を救うために、それらは運び去られ、アニチコフ宮殿の中庭に埋められました。花崗岩の台座には、彫刻の代わりに草をいっぱい入れた箱が置かれました。騎馬像は 1945 年春に元の場所に戻されました。

　川を渡る場所が封鎖の記念碑になりました。この町の歴史の中で最も恐ろしい時期を思い出させるために、クロット作の馬の台座の花崗岩にあるドイツ軍の砲弾の破片の跡をわざと復元しようとはしませんでした。近くに吊るされたボードの碑文には、次のように書かれています。この痕跡は、敵がレニングラードで発射した 148,878 発の砲弾の 1 つが残したものです。

　封鎖が始まる前から、パンの配給切符が導入されていました。1941 年 7 月 18 日、規定量は 1 日あたり 800 グラムでした。9 月 2 日に規定量は下げられました。労働者と技術労働者にはそれぞれ 600 グラム、事務職員には 400 グラム、子どもと被扶養者にはそれぞれ 300 グラムが支給されました。

　封鎖中、規定量は 5 回削減されました。最後に削減された規定量によると、労働者には 250 グラムのパン、ほかの人たちは全て 125 グラムという決まりになっていました。この規定量は、1941 年 11 月 20 日から 12 月 25 日まで実施され、飢餓による死亡率が急激に上昇しました。その結果、労働者には最大 350 グラムのパンが支給され、残りの住民には 200 グラムずつ支給されました。

⑲

водопровод	水道（管）
канализация	下水（道）、下水設備
парапет	欄干、手すり

перила	手すり、欄干
переправа	渡河、渡し場
иждивенец	被扶養者

20 Азовское море

Азовское море — это внутреннее море Атлантического бассейна, которое расположено примерно между 45° и 47° северной широты и между 33° и 39° восточной долготы. С запада на восток море вытянуто почти на 380 км. Общая площадь водного зеркала — около 39 000 кв. км, что приблизительно сопоставимо с размерами Швейцарии.

Объём воды в Азовском море относительно невелик: всего 290 кубических километров. Особенно если сравнивать с объёмом воды в Чёрном море (555 000 куб. км). Это, в первую очередь, связано с незначительной средней глубиной Азовского моря.

Со своим соседом (Чёрным морем) Меотийское озеро связано узким Керченским проливом. Его максимальная ширина — 15 километров. В северо-восточной части Азовского моря в сушу глубоко вдаётся Таганрогский залив. В противоположной западной части находится мелководный и солёный залив Сиваш, который ещё называют «Гнилым морем». От Азова он отделён узкой и длинной песчаной косой Арабатская Стрелка.

Море образовалось в начале кайнозойской эры (то есть, около 60 миллионов лет назад) в результате формирования Крымской горной системы. Ранее на этом месте находился лишь залив Чёрного моря. Но вследствие активных горообразовательных процессов приподнялась суша, образовав совершенно новый и практически полностью изолированный водоём. Согласно другой теории, заполнение Азовской котловины произошло намного позже — в 5600 году до нашей эры.

Активное изучение акватории Азовского моря началось ещё во времена Геродота. Так, первую карту Меотиды составил Клавдий Птолемей. Он же определил географические координаты крупных заливов и мысов, расположенных на побережье Азова. На протяжении XIII-XIV веков генуэзцы и венецианцы создали несколько довольно подробных морских карт бассейнов двух восточноевропейских морей — Чёрного и Азовского.

20 アゾフ海

アゾフ海は大西洋海域の内海で、およそ北緯 45 度から 47 度、東経 33 度から 39 度の間に位置しています。西から東へ、海は約 380km にわたって延びています。水面の総面積は約 39,000 平方キロメートル、これはほぼスイスの大きさに匹敵します。

アゾフ海の水量は比較的少なく、わずか 290 立方キロメートルです。特に、黒海の水量 (555,000 立方キロメートル) と比較すると少ないことが分かります。これは主に、アゾフ海の平均深度がとても低いことに関係しています。

マエオティアン湖 (アゾフ海の古名) は、狭いケルチ海峡によって隣接する黒海とつながっています。ケルチ海峡の最大幅は 15 キロメートルです。アゾフ海の北東部には、タガンログ湾が陸地に向けて突き出しています。反対側の西部には、「腐海」とも呼ばれる浅い塩水のシヴァシュ湾があります。アゾフ海とは、狭くて長い砂州アラバト・アローによって隔てられています。

クリミア山岳体系の形成の結果として、アゾフ海は新生代の初め (つまり、約 6000 万年前) にできました。その前は、黒海の湾だけがこの場所にありました。しかし、活発な造山運動の結果、土地が隆起し、まったく新しい、ほぼ完全に孤立した貯水池が形成されました。別の理論によると、アゾフ盆地が (水で) 埋められたのはずっと後で、紀元前 5600 年のことだと言います。

アゾフ海水域の活発な研究は、ヘロドトスの時代に始まりました。そして、マエオティダ (マエオティアン湖、アゾフ海のこと) の最初の地図はクラウディウス・プトレマイオスによって作られました。彼はまた、アゾフ海沿岸にある大きな湾と岬の地理上の座標をも決定しました。13 世紀から 14 世紀にかけて、ジェノバ人とベネチア人は、東ヨーロッパの 2 つの海、黒海とアゾフ海のかなり詳細な海図をいくつか作成しました。

❷⓿

Меотийское озеро	マエオティアン湖
Арабатская Стрелка	アラバト・アロー、アラバト・スピット
кайнозойская эра	新生代

гороoбразовательный	造山の
котловина	盆地
генуэзец	ジェノバ人

■著者

藻利 佳彦 (もうり・よしひこ)

早稲田大学大学院文学研究科ロシヤ文学専攻博士後期課程単位取得満期退学。
現在、東京ロシア語学院学院長。専門はプーシキン、日露戦争時の捕虜問題。

■校正

マリア・マクシモワ

山内 真

吉見 薫

●音声ダウンロード・ストリーミング
1. PC・スマートフォンで本書の音声ページにアクセスします。
　　https://www.sanshusha.co.jp/np/onsei/isbn/9784384059212/
2. シリアルコード「05921」を入力。
3. 音声ダウンロード・ストリーミングをご利用いただけます。

改訂版 耳が喜ぶロシア語
リスニング体得トレーニング

2023 年 1 月 20 日　第 1 刷発行

著　　　者　　藻利佳彦
発 行 者　　前田俊秀
発 行 所　　株式会社 三修社
　　　　　　　〒 150-0001　東京都渋谷区神宮前 2-2-22
　　　　　　　TEL 03-3405-4511 FAX 03-3405-4522
　　　　　　　https://www.sanshusha.co.jp
　　　　　　　振替 00190-9-72758
　　　　　　　編集担当　安田美佳子　伊吹和真
印刷・製本　　日経印刷株式会社

デザイン：白畠かおり
組　　版：スペース・ワイ